일본사회의 서벌턴 연구 8
동아시아 트랜스내셔널 서벌턴의 자기결정권

한국외국어대학교 일본연구소
일본사회의 서벌턴연구 총서

일본사회의 서벌턴 연구 8
동아시아 트랜스내셔널 서벌턴의 자기결정권

석순희 · 이경화 · 김미진 · 김경희
오성숙 · 노병호 · 금영진 · 이권희

Publishing Company

머리말

　'동아시아의 호모커뮤니쿠스' 문화를 선도하는 한국외국어대학교 일본연구소는 1990년 정식 발족하여 일본의 언어, 문학, 문화, 역사, 정치, 경제 등 인문·사회과학에 관한 종합적인 연구를 통하여 한국에서의 일본 연구뿐만 아니라, 학술지 간행, 학술대회 개최, 다양한 공동 연구 수행을 통해 동아시아 지역 상호 간에 지속 가능한 소통과 상생을 위한 다양한 학술·연구 활동을 전개해 오고 있다. 본 연구총서 <일본사회의 서벌턴 연구 8－동아시아 트랜스내셔널 서벌턴의 자기결정권>는 본 연구소가 2019년 <일본사회의 서벌턴 연구: 동아시아의 소통과 상생>이라는 주제로 한국연구재단의 인문사회연구소지원사업(1단계 3년, 2단계 3년 총 6년)에 선정되어 진행하고 있는 공동연구의 결과물을 엮은 것이다.

　본 연구팀에서는 연구과제에 참여한 연구진의 연차별 연구성과 및 연구소 주최 학술대회와 콜로키엄에 참가한 외부 연구자와의 교류 성과를 모은 연구총서를 1년에 2권씩 6년간 총 12권을 간행하여 연차별 연구주제에 관한 연구성과물을 유기적으로 엮어냄으로써 본 연구과제의 목적과 성과를 명확히 하고, 이를 외부로 발신하여 제 학문 분야에서 활용할 수 있는 기초적 자료를 제공하고자 한다. <일본사회의 서벌턴 연구 8－트랜스내셔널 서벌턴의 자기결

정권>은 7인의 전임 혹은 공동연구원과 1인의 초빙 연구자의 연구 성과물, 서평을 엮은 그 여덟 번째 결과물이다.

본서 수록 논문을 간략하게 소개하면 다음과 같다.

석순희의 <조선인·아이누 민족·와진(和人)·'공생 사회'의 시점에서>는 일본의 마이너리티인 아이누 민족과 조선인이 근대 이후 매우 밀접한 유대를 갖고 더불어 살아온 역사적 사실에 주목하면서, 선주민 지배와 식민지 지배가 교차하는 홋카이도라는 장소에서 마이너리티의 중층성과 다양성을 살펴보고, '공생' 사회의 실태와 앞으로의 가능성에 대해 고찰하고 있다. 결론적으로 석순희는 선주민 지배와 식민지 지배가 교차하는 장에서 피억압자의 공생은 제국주의가 초래하는 보편적 폭력이며, 그 관계성은 매우 다양하고 중층적으로, 결코 단순한 미덕으로만 이야기할 수 있는 것은 아니라고 한다.

이경화의 <중세 불교 사원의 남색 정당화 담론 고찰−승려와 지고(稚兒)의 남색을 중심으로>는 지고의 서벌턴적 측면에 주목하여 일본에서 승려의 파계 행태가 본격화되는 중세를 중심으로 승려와 지고 관계의 실상을 파악하고, 남색을 미화하고 정당화한 담론을 분석한다. 구체적으로는 중세 불교 사원의 실상을 보여주는 『금단악사근수선근서장초(禁斷惡事勤修善根誓狀抄)』등의 사료와 중세 사원 관련 회화 자료인 『가스가권현험기회(春日權現驗記會)』, 설화집 『고금저문집(古今著聞集)』등 다양한 자료를 검토함으로써 승려와 지고 관계의 실태를 입체적으로 파악하고자 하였다.

김미진의 <근세 일본의 콜레라 유행−피해 상황과 막부의 서벌

턴 계층 구제책을 중심으로>는 1858년에 일본에서 유행한 콜레라 피해 상황에 대해서 고찰하였다. 또한, 콜레라라고 하는 불가항력적인 전염병 유행 상황에서 에도 막부의 사회적 하층민인 서벌턴 계층을 위해 실시했던 구제책을 면밀히 분석하고 있다.

김경희의 <오키나와 서벌턴의 기억계승과 당사자성 − 전쟁의 기억과 망각 사이>는 오키나와인들의 놓인 상황을 서벌턴 개념에서 접근하고자 한 것이다. 일본의 내부에 있으면서도 외부자의 자리에 놓여있는 오키나와 서벌턴이 지배 권력에 대항하는 저항적 주체로 나아가는 과정에서 자신들의 목소리를 발신하고 후대에 계승해 가고자 하는 양상에 주목하였다. 구체적으로는 지배적 기억 담론과 대항적 기억 담론의 충돌 가운데 실제로 그들이 무엇을 어떻게 기억하고 계승하려 하는지에 대한 기억 투쟁의 과정을 살펴봄으로써 스피박이 지적하는 '재현'의 문제를 검토하고, 당사자성 획득이 어떻게 가능한지를 모색하고 있다.

오성숙의 <아이누의 주체화와 공생사회 − 오가와 류키치(小川隆吉)를 중심으로>는 지금까지 소홀했던 아이누 당사자 오가와의 자전 『나의 이야기 − 어느 아이누의 전후사(おれのウチャシクマ(昔語り) − あるアイヌの戦後史)』의 발언에 주목하여, 먼저, 조선인 아이누, 그리고 일본인의 중첩된 경계인으로서의 오가와 표상을 살펴보고, 더 나아가 '아이누 인골 반환 소송'을 중심으로 아이누의 '주체화' 과정을 읽어내고자 하였다. 이를 통해 당사자 아이누의 '선주권', '자기결정권' 회복을 촉구하는 한편, 다민족 공생 사회를 표방하고 있는 일본으로 하여금 성찰의 계기를 촉구한다.

　노병호의 <일본 제국주의 식민지하의 류큐(오키나와)와 대만-서벌턴 상호 간 주어(主語)화 시도와 연대적 주체화>는 류큐와 대만의 상호관계를 서벌턴과 제2차 서벌턴적 관점에서 고찰하고 있다. 나아가 공통된 서벌턴적 입장을 어떻게 타개해 나가야 할지에 대해 '사할린 남부에서 대만 및 팽호 제도까지'라는 제국적 배열이 아니라, '류큐 열도 혹은 아마미오시마에서 섬으로서의 대만'까지의 해상의 교류사를 검토하고, 서로의 문화를 함께 향유하면서 공명할 것을 제안한다.

　금영진의 <조선인 BC급 전범의 포로 학대 책임 및 처벌에서의 형평성 결여와 그 교훈-동아시아 트랜스 내셔널 서벌턴 소통과 상생의 관점에서>는 태평양 전쟁 당시, 동남아시아 지역의 포로수용소 감시원으로 자의 반 타의 반 지원하여 월경하게 된 비자발적 트랜스 내셔널 서벌턴인 조선인 BC급 전범에 주목한다. 이들은 일본의 전쟁에 협력한 전범이라는 멍에를 쓴 채 형평성을 결여한 감정적인 재판의 희생양이 되었는데, 금영진은 상대방의 특수한 처지를 전혀 고려치 않고 감정적으로 처벌하려는 인간의 비이성과 광기가 언제든지 재연될 수 있으며 트랜스 내셔널 서벌턴이 그 희생양이 되기 쉽기에 이를 방지하기 위해서는 평상시에 미리 그에 합당한 합리적인 처벌 기준을 마련해 둘 필요가 있음을 주장한다.

　이권희의 서평 <구로카와 미도리·후지노 유타카 著/ 문명재 외 譯『차별의 일본 근현대사-포섭과 배제의 사이에서』에 대한 小考>에서는 '말할 수 없는' 사회적 약자로 살아갈 수밖에 없었던 서벌턴의 차별과 배제의 역사, 동화와 포섭, 나아가 공존과 상생의 방법을 제시하고, 현대 일본사회에서 아직도 존재하는 일본사회의 봉건성과 구태라는 그 한계에 대해 회의(懷疑)하는 『차별의 일본 근현대사 -포섭과 배제의 사이에서』는 비록 일본사회 전체 서벌턴을 대상으로 삼고 있지는 않지만, 필자들의 문제의식과 논리, 문학 텍스트에서 정부의 특정 문서에 이르는 다양한 자료를 활용하여 논지를 전개해나가는 방법은 서벌턴의 관점에서 일본사회를 분석하고, 나아가 서벌턴을 통한 일본사회의 이해라는 점에서 유의미한 방법론을 제시하고 있다고 평가한다.

이상 7편의 연구를 살펴보았는데, 한일 양국의 서벌턴 문제는 역사적 사건을 공유하며 정치·경제적으로 복잡한 관계망 속에 초국가적으로 얽혀 있다. 서벌턴은 시대와 지역을 막론하고 사회체제의 최하층과 말단 주변부에 존재해왔으며 지금도 존재하고 있다. 이에 한일의 역사적, 문화적 특수 관계 속에서 핵심 관련자인 일본의 서벌턴 문제에 천착하여 창출한 연구성과를 엮은 본서는 궁극적으로 한국 사회의 서벌턴 문제를 이해하고 해결할 수 있는 단서를 제공할 수 있을 것으로 기대한다.

마지막으로 연구자 여러분과 이 책이 세상에 나올 수 있도록 출판을 허락해주시고 이렇게 멋진 책으로 만들어주신 제이앤씨의 윤석현 대표님, 실제로 실무 작업을 맡아주신 최인노 과장님께 감사의 마음을 전한다.

2025년 3월
연구진을 대신하여
박용구

차례

제1장

조선인·아이누 민족·와진(和人)· '공생 사회'의 시점에서

석 순 희

1. 머리말

유럽과 미국 열강의 제국주의에 뒤처져 마지막으로 다다른 일본은 식민지 지배와 점령으로 제국에 수많은 타민족을 포함하게 됐다. 대일본제국은 다민족국가임을 강조하고, 고대로부터 다양한 민족이 뒤섞여 왔다고 선전했다.

그러나 패전 후의 일본은 급변해 '일본은 단일민족국가'라는 허위의 신화를 만들어냈다. 근대 이후 철저한 동화정책에 의해 존재를 부정당해 온 선주민 아이누나 식민지 지배 때문에 일본에 어쩔 수 없이 재류하게 된 대만인·조선인에 대해 일체의 역사적 경위를 무시한 차별정책을 펼쳐 왔다.

버블 경기로 "Japan as No.1"에 취해 있던 1985년, 나카소네 야스히로(中曽根康弘) 전 총리가 '일본은 단일 민족 국가이므로 우수하고 대단하다'라는 취지의 발언을 해, 물의를 일으켰다. '아이누 민족을 무시한다'라는 비판이 일면서 일본은 단일 민족국가가 아니라는 주장이 대중매체와 언론계에서 전개됐다. 그러나 이후에도 일본 정부의 시책이나 교육정책은 결코 아이누 민족을 존중하지 못했고, 아이누 민족에 대한 일본 국민의 인지도도 낮은 상태였다.

최근 일본에서는 아이누가 주인공인 만화가 유행하거나 국립 아이누 민족 박물관이 생겨나면서 알려지게 되었지만, 아이누의 역사와 문화, 그리고 지금도 매우 억압된 상황에 대해서는 그다지 이해하지 못하고 있다. 후술하겠지만 국립 아이누 민족 박물관에는 몹시 중대한 문제가 존재한다.

그리고 알다시피 재일조선인에 대한 차별적 배외정책은 식민지 시기부터 전후(戰後)에도 혹독했는데, 2000년대 들어 한류열풍과는 반대로 음습하고 집요한 혐한 열풍이 불면서 혐오 발언(Hate Speech)과 증오범죄(Hate Crime)가 어느 때보다 격화되는 상황이다. 현재 어째서 재일조선인이 존재하는지 그 역사적 경위를 대다수 일본인은 이해하지 못하고 있는 반면, 차별의식만은 세대와 시대를 초월해 계승되고 있다.

일본의 마이너리티인 아이누 민족과 조선인이 근대 이후 매우 밀접한 관계를 맺으며 더불어 살아온 역사적 사실이 있다. 그것은 근래에 이르기까지 말하기를 꺼리는 금기이기도 했다. 본고는 졸저

『조선인과 아이누 민족의 역사적 유대－제국의 선주민 지배와 식민지 지배의 중층성』[1]을 토대로 선주민 지배와 식민지 지배가 교차하는 홋카이도라는 장소에서 마이너리티의 중층성과 다양성을 살펴보고, '공생' 사회의 실태와 앞으로의 가능성에 대해 고찰한다.

2. 아이누 민족에 대하여

아이누(アイヌ)란 아이누어로 '인간'을 의미한다. 야마토 정권이 수립된 후, 이를 따르지 않고 저항하는 자들은 '에미시(蝦夷)'라고 불리며, 점점 북쪽으로 쫓겨 갔다. 이미 7세기에는 도호쿠(東北)까지 야마토 정권이 지배하였지만, 그 이북의 도호쿠 지방이나 홋카이도는 야마토 정권의 지배가 미치지 않는 장소로서 '에조(蝦夷)'라고 불려 왔다. 에미시와 아이누 민족이 동일한지 여부는 여전히 인정되지 않았지만, 아이누를 선주민으로 인정한 국회 결의가 있어, 아이누 민족은 일본 열도에 선주한 민족으로 여겨진다.

아이누 사람들은 지역에 따라 독립된 각각의 자치권을 가진 공동체를 형성하고 있었고, 모피나 연어와 다시마 등의 교역을 하고 있었다. 그러나 12세기경부터 에조치(蝦夷地)는 유배지가 되었고, 와진(和人)이 아이누와 접촉함으로써 아이누는 점차 경제적인 착취를 당하게 되었다. 에도 시대 이후에는 마쓰마에(松前)번이 에조치의

---

1 石純姫(2017)『朝鮮人とアイヌ民族の歴史的つながり─帝国の先住民支配と植民地支配の重層性』.

서쪽 절반을 통치하여 아이누와의 독점적인 교역을 일방적으로 강요해 아이누는 일정한 장소에서만 교역할 수 있게 된다. 교역 장소로 아이누가 끌려나가는 노예 상태에 가까운 상황이 된 것이다. 아이누의 와진에 대한 저항의 대규모 투쟁은 여러 번 일어났지만, 와진에 의해 비열하고 잔학하게 탄압받았다. 그것은 와진으로부터 화해를 권유받고 술에 취한 아이누의 목을 베는 등의 비열한 방식이었다. 그것이 몇 번이나 반복되었다. 그래도 에도 시대까지 아이누 사람들은 독립된 생활권에서 아이누 민족으로서의 독자적인 문화 속에서 생활하고 있었다.

3. 조선인과 아이누 민족의 조우와 교역 – 전근대

다양한 경계선을 넘어 사람들은 이동과 이주를 거듭해 왔다. 고대로부터 많은 문헌이 보여주듯 일본과 한반도와의 관계는 매우 깊은데, 에도 시대에는 표류와 표착이 허다하게 기록에 남아 있다.

1696년에는 에조치에 표착한 조선인 관리 8명과 아이누 민족의 첫 만남과 교류 기록이 있다.[2] 현재의 리시리(利尻)로 추측되는 섬에 표착한 조선인 관리 이지항(李志恒)은 와진과는 확연히 다른 풍모와 관습, 언어를 지닌 아이누 사람들과 만난다. 이들은 나무껍질로 짠 옷과 모피를 입고 있었으며, 긴 머리를 하나로 묶고, 쌀을 먹지 않으며 생선

---

2 李志恒『漂舟録』(北海道大学北方図書館蔵), 池内敏(1998)『近世日本と朝鮮漂流民』, 臨川書店.

국과 말린 고래 고기를 먹었다. 아이누 측이 모피를 가져와 이들의 조선 옷과 수정 구슬 등과 교환한다. 이들이 얻은 모피는 60장 이상의 담비 가죽, 15장의 여우 가죽, 3장의 수달 가죽 외에 건어물 5석 정도나 됐다. 이후 이지항 일행은 마쓰마에번으로 보내지고, 에도로부터 쓰시마(対馬)번을 통해 조선으로 보내진다. 아이누 사람들의 우호적인 환대나 물물교환을 제안하는 모습 등도 흥미롭다. 이는 조선인과 아이누가 처음으로 조우한 사실(史実)로서 주목되는 부분이다.

일본에 표착한 조선 표류민은 쓰시마의 '표민옥(漂民屋)'에서 정성껏 간호를 받고, 식사를 제공받았으며, 배 수리 등도 쓰시마 측이 비용을 처리해 부산까지 보내졌다. 이는 화려한 '조선통신사'의 교류를 측면적으로 지원한 민간의 일상적인 교류로, 에도 시대의 선린우호의 기반을 조성한 것이었다. 나가사키현 쓰시마 이즈하라(厳原)에는 이 '표민옥'의 터가 사적으로 남아 있다. 이곳은 현재 자위대 쓰시마지부 사무실이 되었다.

조선통신사가 국가적 차원의 화려한 교류였던 것에 비해 표류민 정책은 그것을 측면에서 지원하면서 일상적으로 이루어진 교류였으며, 에도 시대 조선과 일본의 선린우호의 기반이 마련되어 있었다. 그러나 메이지 이후 일본의 근대화 속에서 조선과 일본의 선린우호 관계는 급격히 악화된다.

3.1 근대화와 아이누 민족

메이지 시대가 되자 아이누 사람들의 생활권은 일방적으로 빼앗

19

긴다. 아이누모시리(アイヌモシリ)란 '리쿤칸토(신의 세계)'에 대한 '인간의 세계'라는 뜻이다. 홋카이도만을 의미하는 것은 아니며, 홋카이도는 '야운모시리'라고 부른다.[3]

메이지가 되면서 일본 정부는 에조치를 '홋카이도'로 명명한다. 그리고 메이지 5년부터 일본 국민으로서 강제적으로 호적에 편입시켜 아이누 민족의 아이덴티티를 모조리 빼앗아 간다.

살던 곳을 빼앗기고, 사냥과 고기잡이가 금지되고 농업에 종사하기를 강제당한다. 이름도 아이누 이름은 금지하고, 일본식 이름을 짓도록 강제하며, 아이누어도 금지, 아이누의 풍습이나 관습도, 예를 들어 문신 등도 금지한다. 추후 일본의 식민지 지배에서의 차별적 동화정책의 선구격이다.

그리고 농업에는 적합하지 않은 깊은 숲속으로 강제적으로 이주당하는 등 매우 가혹한 상황에 내몰려 갔다. 이로 인한 빈곤이나 병, 문화적인 이질성으로 인한 차별과 억압 속에서 아이누 사람들은 어쩔 수 없이 생활하게 된다.

3.2 막부 말기의 조선인 이동과 이주의 편린

1860년 베이징 조약이 체결되면서 조선은 러시아와 국경을 접하게 된다. 피폐한 농촌으로부터 대량의 조선 농민이 러시아로 이주를 시작하는 것은 이 무렵이다. 최초의 조선인 이주는 1862년 러

---

3 北原モコットゥナシ・谷本晃久監修(2020), 『アイヌの真実』, 株式会社ベストセラーズ.

시아 연해주 포시에트 지구 치진헤 강가에 가족 단위의 조선인들이 정착하기 시작했다는 기록이다.[4] 이윽고 조선인 이민은 급속히 늘어나 1910년에는 약 5만1천여 명을 넘는다. 일본의 식민지가 되고 나서는 정치적 억압과 박해를 피해 러시아 연해주로의 정치 이민이 증가했고, 이윽고 러시아 연해주에서 사할린으로 이주가 시작된다.

사할린으로의 이주는 1870년대부터 시작된 것으로 보이며, 1897년 제1회 러시아 인구조사에서는 사할린의 2만8천 명의 인구 중 67명이 조선인이다. 사할린은 러시아 제국 국민뿐만 아니라 외국인의 유형지이기도 해서, 조선인 이민자에는 농민이나 어부 외에 연해주에서 온 범죄자도 있었다.

1910년 알렉산드롭스크 시에서는 조선인 정치 망명자로 구성된 상호부조협회가 조직되어 협회원들은 자금을 모아 토지를 샀고, 25세대의 조선인 취락이 만들어졌다.

한편 역시 1860년대 일본에서는 막부 말기에 조선에서 일본 규슈(九州) 오이타(大分)와 야마구치(山口)현의 서남부, 세토(瀬戸) 내해의 연안부로의 이주자가 대량으로 나타났다는 증언이 있다. 이들은 메이지의 임신호적(壬申戸籍)으로 일본의 호적에 편성되어 이후 일본인이 되었으나 조선에서 이주해 왔다는 사실이 친족 내에서는 대대로 전해오고 있다.

러일 전쟁 때는 산인선(山陰線) 부설 공사에 조선인이 노무자로 동

---

4 アナトリー・クージン・T著, 田中水絵・岡奈津子訳(1998), 『沿海州・サハリン近い昔の話(翻弄された朝鮮人の歴史)』, 凱風社.

원되기도 했는데, 이들은 정착하는 일 없이 조선으로 돌아간다.

3.3 조선인과 아이누 민족의 역사적 유대

1870년(메이지 3년)이라는 이른 시기에, 홋카이도 비라토리(平取)초의 아이누코탄에서 한 조선인 남성과 사할린 아이누 여성 사이에서 남자아이 A가 태어났다. 이 남성은 아이누 여성과 결혼했는데 그 여성은 아이누의 양녀로, 아버지는 러시아인이며 어머니는 사할린 아이누이다.

상당히 다양한 뿌리를 가진 A씨는 사할린 아이누와 러시아인이라는 뿌리를 가졌다는 점에서 사할린으로 이주한 조선인이 홋카이도로 이주했을 가능성이 있으리라 생각한다. 사할린은 다양한 사람들이 공생하는 곳이었다. 러시아인과 아이누 윌타 등의 선주민, 일본인, 조선인, 러시아 연해주로 돈벌이를 하러 온 중국인, 폴란드인, 스코틀랜드인, 스웨덴인 등 국경이 애매한 다문화 공생 지역이었던 것이다.

통계로 기록된 조선인의 홋카이도에서의 인구는 1911년 6명이 최초로 학생과 어업·노동자 등이었다. 그러나 필자의 청취 조사에서는 조금 더 전인 1907년에 도쿠시마현 나루토(鳴門)·아와지(淡路)로부터 홋카이도의 무카와(鵡川)로 말과 소의 거간꾼[5]으로서 이주한 조선인의 증언이 여럿 있다. 이 사람들은 통계에는 기록되어 있

---

5 말이나 소를 교환하는 직업.

지 않지만, 이 조선인 거간꾼들이 아이누 여성과 혼인 관계를 맺은 사례가 존재한다. 이들은 상당히 이른 시기의 조선인과 아이누 민족의 유대를 보여주는 것으로서 매우 귀중한 증언이다.

여기에서 지금까지 문헌에는 기록되지 않은 근대기의 극히 이른 시기에 조선인과 아이누 민족의 깊은 유대 관계의 일부분을 알 수 있다.

2015년 필자는 홋카이도 도립 문서관에서 매우 귀중한 사료를 발굴했다. 메이지 16년(1883년) 삿포로현 권업과 농무계에서 조선인에게 조수 수렵 허가서를 주었다는 공문서이다. 표착도 메이지 21년까지 있었다는 기록도 있지만, 이러한 수렵의 허가신청이 이루어지고, 이를 허가하는 공적 문서의 존재는 이미 홋카이도에서 조선인이 일부 정착했다는 사실을 뒷받침한다. 문서에는 '일본재류 조선인 조수렵 면장을 청구할 때는 유렵(遊獵)면장을 발부해 내국인과 동일하게 처분하도록 한다'라고 되어 있다.

이렇게 해서 전근대 말기부터 조선인의 이주와 정주화가 러시아 연해주나 사할린에서 진행되었고, 동시에 서일본과 홋카이도에서도 있었다는 것을 알게 되었다. 앞으로도 또 새로운 사실(史實)이 밝혀질 가능성도 있다고 생각한다.

3.4 조선인의 정주화(定住化) 과정

청취 조사를 진행하는 가운데 조선인이 아이누의 가정에 정착해 가는 과정은 다양하긴 하나, 크게 다음과 같은 세 가지로 집약된다.

첫 번째는 양자 입양이다. 생활이 곤궁한 조선인이 아이누에게 맡기면 소중하게 키워줄 수 있다고 해서 양자로 입양을 보내는 일이 이루어졌다. 다만 그것은 조선인뿐만 아니라 와진과의 관계에서도 적잖이 있었다. 도호쿠에서 온 행상이 쌀 한 가마를 대가로 아이를 두고 갔다는 이야기나, 아침에 개가 요란하게 짖기에 현관을 열어 보니 아이누의 집 앞에 아기가 놓여 있었다는 이야기도 드물지 않았 다고 한다. 요즘 말하는 베이비 박스처럼 "아이누에게 맡기면 키워 준다."라고도 했다. 또한, 아이누인 친척 간에도 자녀가 없는 가정 으로 자녀가 많은 가정에서 양자로 보내는 경우도 적지 않았다.

두 번째는 오쓰넨무코(越年婿)라고 해서 전쟁 중에 전사 등으로 남 성 일꾼을 잃은 아이누 농가에 전후, 와진이나 조선인 남성이 일시 적으로 일꾼으로서 거주하고 이듬해 나가는 형태이다. 개중에는 집을 떠나지 않고 정주화하는 사람도 있었다.

세 번째는 홋카이도 각지의 강제노동 현장에서 탈출을 시도하는 조 선인이 아이누 사람들의 보호와 지원을 통해 정주화해가는 과정이다.

3.5 전쟁 시기 조선인 노무 동원과 홋카이도

1911년 이후 조선인 인구는 점차 증가한다. 1917년부터는 홋카이 도 탄광 기선―미쓰이 재벌계열로 탄광 경영을 한 주식회사―이 부산 에서 노동자 모집을 시작해, 조선인 인구는 일거에 1,706명이 된다.[6]

---

6 朝鮮人強制連行実態調査報告書編集委員会・札幌学院大学北海道委託調査報告
    書編集室編(1999)『北海道と朝鮮人』, ぎょうせい.

훗카이도 탄광 기선은 도내의 철도·탄갱 등 당시 400만 엔 이상의 자산을 불과 35만 엔에 불하받는다. 탄광 회사로서 식민지 노동자를 동원하고, 그뿐만 아니라 '노무 위안소'를 설치하고 조선에서 '노무 위안부'를 모집·관리했다. 군 위안소는 잘 알려져 있으나, 훗카이도에서는 탄광이나 광산의 모든 사업장에 '노무 위안소'를 설치했다는 사실이 밝혀졌다.[7]

이윽고 일본의 중국 침략은 중일 전면전으로 진행되어 1938년에는 <국가 총동원법>이 성립된다. 이듬해에는 조선·대만·가라후토(樺太)에서도 실시되어 훗카이도에서도 탄광이나 광산, 철도 부설, 댐 건설, 비행장 건설 등에 조선인의 노무 동원이 대규모로 이루어진다.

노무 동원에는 모집·관공서 알선·징용이라는 단계가 있는데, 첫 단계부터 경찰이나 관공서가 전적으로 관리·지원하는 체제가 있어 거의 강제 동원이 이뤄졌다. 훗카이도에서도 그러한 조선인 강제노동은 무수히 많으며, 패전까지 조선인들의 노무 동원은 약 14~15만 명으로 알려져 있다.

이런 가혹한 강제노동의 현장에서 탈출을 시도한 조선인들을 아이누 사람들은 숨겨주고 지원했으며, 개중에는 혈연을 맺었다. 조선인들은 아이누의 집을 전전하며 정주화하는 경우도 적지 않았다.

탈출한 조선인이 발견된 경우에는 발견한 자에게는 포상금이 주어지고, 발견된 조선인은 죽음에 이르는 제재가 이루어지는 경우

---

7 西田秀子(2003)「戦時下北海道における朝鮮人「労務慰安婦」の成立と実態—強制連行との関係性において—」『女性史研究』創刊号, pp.16-36.

가 많았다.

조선인이 탄갱이나 광산에서 도망치면 요란한 사이렌이 울려 경계심을 부추겼다. 일본인 집에서는 불을 끄고 아이들은 숨을 죽이고 무서워했다고 한다. 한편 아이누의 집에서는 꺼졌던 불을 피워 도망쳐 온 조선인에게 식사를 제공하며 이렇게 말했다.

"지금 여기서 당신이 잠들면 당신도 우리도 체포된다. 내일 아침 일찍 여기를 나와 저 모퉁이에서 세 번째 초가집으로 가거라. 그곳은 아이누의 집이니까, 반드시 도와줄 것이다."

그중에는 조선인을 몰래 숨겨 조선으로 돌아가기 위해 마차에 태워 철도역까지 운반하고 표를 사서 건넸다는 이야기와 마차 숯 가마니 속에 조선인을 숨겨 철도역까지 옮겼으나 도망가지 못해 다시 집으로 데려가 자신의 친척과 혼인 관계를 맺게 했다는 이야기도 있다. '생명을 살리는 것'이라며 가족을 설득해 조선인을 자신의 가족으로 삼은 아이누가 있었던 것이다.

또한, 도망쳐 온 수염투성이 조선인이 밭에서 고구마를 뒤지고 있는 것을 보고 아이누의 아이들은 겁을 먹었다. 이를 본 어머니는 '겁낼 거 없어. 같은 사람이니까.'라며 주먹밥을 만들어 조선인에게 건넸다고 한다.

전쟁 후 아이누의 아이들이 어디서나 비슷한 일이 있었으리라 생각하고, 조선인을 숨겨준 일을 동급생에게 이야기하자 그런 일은 와진에게는 없었다는 것을 알게 되고, 그 후로는 이야기해서는 안 될 일이라고 생각하게 되었다고 한다.

아이누도 조선인도 '같은 인간'이라는 의식을 아이누 사람들이

가지고 있었다는 점은 무엇보다도 매우 중요한 사실이다. 전쟁 시기의 교조적이고 일종의 광기에 가까운 정치 프로파간다에 대해 자신의 위험을 무릅쓰고 타자의 생명을 구하는 행동은 인간으로서 존엄한 행위라고 할 수 있다. 자립한 사고력과 판단력, 그리고 인간으로서의 당연한 감정을 가진 아이누 사람들은 국가에 맹종하는 '국민'이 아니라 '인간'이었던 것이다.

이 밖에 강제노역 현장에서 탈출한 조선인을 숨겨주고 지원한 아이누 사람들의 다수 증언에 대해서는 석순희(2017)에서 상세히 기술했다.

3.6 전쟁 시기의 조선인과 전후 무연비를 둘러싼 기억 투쟁

홋카이도 각지에서 전쟁 시기 강제노동 현장에서의 수많은 조선인·중국인의 가혹한 실태가 밝혀졌다. 필자가 향토사 집필을 의뢰받은 비라토리초 후레나이(振內)는 전쟁 시기에 일본 총생산량의 60%를 산출하는 크롬 광산을 보유해 공전절후(空前絶後)의 활황을 띠었다. 크롬광산에도 조선인 노동자가 동원된 사실도 수많은 증언과 약간 남겨진 자료에서 확인된다.

그리고 크롬 운반을 위해 건설이 시급했던 철도 부설과 터널 공사에는 매우 많은 조선인 노무자가 동원되어 희생되었다. 그 사실에 대해 당시의 비라토리 마을의 공문서(매화장 인허증)에 근거해 십여 명의 조선인 희생자가 후레나이 공동묘지에 묻혀 있다는 사실을 향토사에 기술하고자 하였다. 편집위원회는 "이런 일이 드러나

면 국제 문제가 되고 유해발굴 등을 하면 민폐"라고 확고히 말했다. 많은 지자체에서는 현재에 이르기까지 조선인에 관한 역사적 사실을 공적 기록에 기술하는 것을 집요하고도 주도면밀하게 배제해왔다.

편집위원회의 격렬한 저항을 받아 협박성 문서가 대학이나 자택 앞으로 연일 배달됐다. 믿기 어려운 방해와 압력을 받으면서도 크롬광산이나 철도부설공사에 수반된 조선인 희생자의 매장 사실은 간신히 몇 줄 정도 향토사에 기재할 수 있었다.

매화장 인허증으로 확인된 조선인은 극히 소수였지만, 향토사 집필을 위해 실시한 청취 조사에서는 상당히 많은 희생이 있었던 것으로 예상되었다. 훗날 관계자들의 증언을 통해 매우 중요한 사실을 알게 되었다.

1970년대 후반에 실시된 <묘지 정비 조례>로 묘지가 파헤쳐져 알 수 없는 대량의 유골이 나왔다고 한다. 너무도 많은 양이어서 손을 댈 수 없었고, 그 유골은 공동묘지 한가운데 그대로 불도저로 모아 현재는 작은 봉분처럼 되어 있다. 이 사실에 대해 필자는 비라토리초에 묘지 정비 조례 시의 보고서 공개를 요구했으나 현재까지 이 공동묘지의 유골에 대한 성실한 답변은 없다.

매화장 인허증에 기록된 조선인의 사망 장소는 가와구치구미(川口組)의 숙소가 있었던 곳이다. 가와구치구미는 무로란(室蘭)의 중국인 강제노동을 맡았던 토건업자로 1944년 11월부터 1945년 12월 마지막 중국 귀환까지 불과 1년여 기간에 969명 중 311명의 사망자를 냈다. 중국인 숙소에서 이탄키하마(イタンキ浜)까지 옮겨진 시신

은 처음에는 화장되긴 했지만, 이윽고 화장 장작도 없어지자 그대로 해안이나 숙소 부근에 시신이 방치돼 있었다고 한다. 그중 매화장 인허서가 있는 자는 170명, 없는 자는 141명이다.

무로란의 다른 사업장은 매화장 인허서가 없는 사망자 수는 각각 2명, 1명, 4명, 2명으로 극히 소수다. 가와구치구미를 포함한 매화장 인허서가 없는 중국인 사망자 150명 가운데 141명이 가와구치구미에서 일했다.(우에노 시로(上野志郎), 1994년 『무로란에서의 중국인 강제연행 강제노동의 기록』 중국인 순난자 전도위령제 사무국)

이렇게 처참하고 가혹한 노동 상황과 희생자를 비정하게 취급했던 가와구치구미가 비라토리의 호로케시(幌毛志) 터널의 도급을 맡았던 것이다. 원청은 지자키(地崎)구미지만, 하청을 받아 가와구치구미가 실제 현장에서 노무자를 취급했다. 불도저로 매장된 대량의 유골은 조선인 희생자일 가능성이 높지 않을까.

홋카이도의 많은 시정촌에서는 1960년대 무렵부터 묘지 정비가 이루어지게 되었다. <묘지 정비 조례> 하에 1910년대부터 지역의 공동묘지였던 곳이 새로운 곳으로 이전되거나 같은 장소라도 구획 정비가 이루어져 갔다. 토장(土葬)된 시신을 파내어 화장한 후 매장한다.

<묘지 정비 조례>에 따른 옛 묘지로부터의 이전에 있어서, 홋카이도의 각 묘지에서 무연고 묘지가 문제가 되었다.

비라토리초 옆의 호베쓰초(穂別町)의 각 지역에서는 가나야마(金山)선, 도미우치(富内)선, 호로케시(幌毛志)의 터널 공사 등에 따른 많은 조선인 노무자나 문어방(たこ部屋, 다코베야) 노무자의 유골과 시신이

새로 발굴되게 된 것이다.

호베쓰 공원묘지에서는 1974년 10월 26일, 옛 묘지 이전에 따라 92주의 무연고 유해를 안치하는 무연비를 건립하고·입혼식이 거행되었다.

또, 1982년(쇼와 57), 호베쓰초 아즈미(安住)에 있는 도미우치(富內) 묘지의 정비에 즈음해, 옛 묘지에는 당초 예정한 수 이상의 무연고 유해가 있다고 판명되었기에 같은 해 1,814만 엔의 보조 사업으로는 대응할 수 없어 이듬해에도 126만 엔을 투입해 무연비를 건립했다.

한편 비라토리초는 향토사 편찬에 무척 열심히기에, 50년사, 80년사, 100년사 등 많은 향토사를 발간하고 있으나 근대기 조선인과의 깊은 관계나 비참한 희생에 대해 기술한 것은 지금까지 단 한 줄도 없었다.

전술한 '민폐'라는 향토사 편집위원이자 비라토리초 직원의 참을 수 없을 만큼 비정하고 무자비한 말로 상징되듯 조선인의 희생과 죽음은 무시되고 유린되고 폄훼되어 왔다.

죽음과 영혼에 얽힌 이야기이니만큼 내셔널한 틀에서 이야기된다. 일본 역사 속에서 국가나 지역 향토사에 이르기까지 조선인의 존재와 죽음은 조심스럽고 주도면밀하게 삭제되어왔다. 깜빡 잊은 것이 아니라 의도적으로 배제되어 온 것이다. 항상 일본인의 죽음과 영혼만이 이야기되고 기억되고 표상되어왔다.

참고로 홋카이도대학은 동학농민혁명 수장의 두개골도 비슷하게 취급하며 보관하고 있었다. 두개골이 수집된 경위와 보관에 대한 자세한 내용은 이노우에 가쓰오(井上勝生) 홋카이도대 교수의 조사와 보고로 밝혀졌으며, 두개골은 한국으로 반환되었다.[8] 이 사실도 근대 이후 식민지 조선과 일본의 무척 중요하고 상징적인 예시다.

3.7 아이누 묘지의 근대화

한편, 위생상의 필요로 이루어진 묘지 정비 사업은 지금까지의 묘지의 풍경을 완전히 바꾸어 놓았으리라 상상하기 어렵지 않다.

선주자인 아이누 사람들의 묘는 나무로 된 묘표이며, 성묘하는 관습도 없고, 가족이나 친족이 죽으면 시신을 매장하고 나무 묘표를 세우며, 그 밖에 누군가 사망할 때까지 무덤을 찾지는 않는다. 묘표의 나무가 저절로 썩어감으로써 영혼이 천국으로 간다고 생각했던 것이다. 각지의 향토사에서도 새로 정비된 묘지의 모습은 볼 수 있으나, 정비되기 전 묘지의 모습이 기록으로 남아 있는 것은 없다.

묘지 정비에 따라 공원묘지가 건설되었다. 비라토리초의 옆 호베쓰초에서는 새로운 묘지를 구매할 때, 행정의 알선을 통해 저렴한 묘석의 신청과 추첨이 이루어졌다. 각 시정촌에서는 '공원묘지를 한층 더 아름답게 만들기 위해, 가능한 한 묘석으로 바꾸기를' 호소했다.

---

8 井上勝生(2013) 『明治日本の植民地支配―北海道から朝鮮へ』, 岩波書店.

호베쓰초 이즈미 지구도 아이누 사람들이 강제 이주된 곳이었고, 옛 묘지는 아이누 사람들의 묘지였다. '가능한 한 묘석으로 바꾸라'는 호소는 단순히 공원묘지를 한층 더 아름답게 만들기 위해서라는 심미적인 이유라고 한다면, 그것은 아이누 사람들에게 참을 수 없을 만큼의 가벼운 이유라고밖에 할 수 없다.

혹은 생활습관이 거의 동화된 아이누 사람들에게 자신의 문화의 형태를 남기는 장례와 매장이라는 마지막 풍습까지가 소멸당하는 심각한 국면이었을 것이다. 묘지의 '근대화'라는 일견 하찮아 보이는 생활양식의 변화가 민족과 문화에 더없이 중요한 핵심적인 부분에 대한 침식임을 새삼 생각하게 한다.

3.8 기억 표상에 있어서의 아이누 민족

2007년 유엔총회에서 <선주민족 권리선언>이 채택되고 2008년 6월, <아이누 민족을 선주민족으로 할 것을 요구하는 결의>가 중의원과 참의원 양쪽에서 채택되었다.

그런데 2009년에 제출된 <아이누 정책의 방향에 관한 유식자 간담회> 보고에는 가장 중요한 아이누 민족의 선주권이나, 정부의 아이누 민족에 대한 사죄나 구체적인 보상이 제시되지 않은 채, 관광을 중심으로 아이누 민족의 문화와 역사의 발신 거점으로서 시라오이(白老)를 '민족 공생의 상징이 되는 공간'으로 삼겠다는 구상이 제언되었다.

이 '민족 공생의 상징이 되는 공간'의 두드러진 특징은 '아이누 정신문화를 존중하는 기능'으로서 '대학 등에 있는 아이누 인골 중 유족 등에 대한 반환 목적이 없는 것은 국가가 주도하여 상징공간 에 집약시켜 존엄있는 위령으로 배려'하겠다는 부분이다.

에도 시대 말기부터 아이누인 유골의 도굴은 일어났다. 학문의 이름으로 아이누 민족의 존엄성을 철저히 유린하는 완전한 범죄라 고 할 수 있는 인골도굴이 대규모로 이루어져 왔다. 홋카이도대학 동물실험실에서 발견된 아이누 민족의 유골은 동물실험실 옆에 세 워진 납골당에 1,000구가 넘게 안치되어 있으며 홋카이도대를 비 롯한 도쿄대, 오사카대, 전국 박물관 등에 보관된 아이누 민족의 인 골은 1,700구를 넘는다.

2012년 9월 15일 외가가 아이누, 친가가 조선에 뿌리를 둔 오가 와 류키치(小川隆吉) 씨는 홋카이도대학을 상대로 친족의 유골 반환 을 요구하는 소송을 걸어 2015년 최초로 '화해'를 쟁취했다. 유골 은 오가와씨의 고향 기네우스(杵臼)의 묘지에 재매장되었는데, 이 '화해'에 홋카이도대학으로부터의 사죄는 없었다.

메이지 시대에는 홋카이도의 많은 장소가 천황가의 소유지(御料 地, 고료지)가 되어, 니캇푸(新冠)에도 고료목장이 만들어졌다. 1915년, 고료목장의 증설에 수반해, 니캇푸아네사루(新冠姉去) 지구의 아이누 사람들이 강제적으로 이주당한 곳이 비라토리초 가미누키베쓰(上貫 気別)(현재: 아사히(旭))이다. 현재 아사히의 조릿대 덤불 속에 아이누 사 람들의 묘지가 있으며, 그곳에 하나의 비가 건립되어 있다. 현재도 이 지역은 풀이 우거진 작은 산길 옆을 수십 미터 정도 들어간 곳에 있어 여간해서는 사람이 찾는 곳은 아니다. 이 비석에는 니캇푸아

네사루로부터 강제이주를 당한 아이누 사람들에게 '진혼의 진심'을 바친다고 새겨져 있다.

이 묘지 바로 근처에서 니부타니(二風谷)에 거주하는 아이누 환경운동가이자 <야마미치(山道) 아이누 직업훈련학교> 주최자인 아시리레라(アシリレラ) 씨가 30년에 걸쳐 <아이누모시리 일만년제>를 개최하고 있다. 일주일간 계속되는 축제의 마지막 날에 이 아사히의 묘지에서 조상 공양을 해왔다.

그런데 이 묘지에서 아이누의 유골이 도굴돼 현재도 홋카이도대가 보관하고 있음이 밝혀졌다.

홋카이도대가 정보를 공개한 문서를 통해 비라토리초의 가미누키베쓰에서도 6구의 유골이 발굴되어 홋카이도대가 가져간 사실을 알게 되어, 필자는 2015년에 논문에 썼다. 그 후, 비라토리에서도 큰 움직임이 일어나, 비라토리초의 아이누 협회는 홋카이도대학에 유골 반환을 청구했다. 2020년 10월 31일에 비라토리초 니부타니로 유골이 반환되어 비라토리 아이누 협회와 행정 주도로 조상 공양이 행해졌다.

파크 골프장 옆 부지에 설치된 위령 공간은 유골의 가안치소와 장래적으로 유골을 재매장하기 위한 장소가 마련되어 있으며, 유골의 수집과 반환 경위를 상세히 기록한 비도 건립되어 있다.

선조 공양 의식 후 열린 기자 회견에서 홋카이도대학의 대표자는 '유골의 "보관"에 대해 존엄을 해치는 것이었음을 반성한다'라고 말했다. 아이누 사람들의 유골이 어떻게 수집돼 홋카이도대에 보관됐는가 하는 가장 중요한 문제에 대해서는 사과도 반성도 없이 '보관' 방식에 문제가 있었다고 '반성'한다는 공허하고 기만적인 '반성'이었다.

아이누 민족이 제소한 유해 반환은 일부에서 진행되긴 했지만, 사과도 없이 상당수 유골은 우포포이의 '상징 공간'에 합사됐다. 이는 연구의 효율화와 과거의 범죄적 행위 은폐에 다름없다.

이 '위령 시설'은 팸플릿에도 '아이누 민족의 존엄있는 위령을 실현한다'라고 작게 기재돼 있을 뿐, 그 밖의 시설에서는 한참 떨어진 곳에 있어 일단 밖으로 나가 다시 주차요금을 내야만 하는 곳에 있다. 일반 관광객의 눈에는 전혀 띄지 않는다. 그리고 그곳에는 범죄적 도굴로 수집되어 홋카이도대를 비롯한 전국의 대학·박물관에 있던 아이누 인골이 집약되어 '합사'된 납골당이 있고, 그 옆에 조상 공양(신누랍파)을 하는 시설이 있지만 어떠한 표시나 설명도 없다.

아이누 민족의 존엄을 짓밟는 범죄적 행위를 통해 수집된 유골에 대해 수집 경위를 성실히 상세히 기록하고 그에 대한 진심 어린 사과와 위령을 하는 것이야말로 이 '우포포이'가 주장하는 '존엄있는 위령'이 아닐까. 그와는 전혀 반대로 이러한 주도면밀한 은폐와 왜곡으로 인해 일반 박물관 시설에서 떨어진 곳에 존재하는 위령 시설의 문제점은 이루 말할 수 없을 정도로 중대하다.

아이누 사람들은 땅도 이름도 말도 관습도 문화도 존엄한 모든 것이 빼앗겼을 뿐만 아니라 사후의 뼈, 그리고 영혼까지도 빼앗기고 유린당하고 있다.

35

3.9 북미, 중남미에서의 선주민과 아프리카 노예의 유대에 대하여

홋카이도의 선주민 아이누와 식민지의 강제적 노무 동원으로 연행된 조선인의 유대와 마찬가지로 북미·중남미의 역사에서도 식민지 노동자와 선주민의 협력과 문화와 혈연의 혼합이 있었음이 밝혀져 왔지만, 그 사실은 미국에서도 오래도록 숨겨진 역사였다. 아프리카에서 연행된 노예들의 자유로 가는 최초의 길은 아메리카 인디언 마을로 도망친 데서 비롯됐다. 그 마을은 노예 남녀가 정착하고 있던 선주민에게 받아들여져 친교를 나누는 것을 가능하게 했던 '터틀 아일랜드'이다.

윌리엄 로렌 캐츠(William Loren Katz)(2011)『블랙 인디언(Black Indians)』에서는 초기 유럽인이나 정주화하고 있던 유럽인에 의한 가차없는 잔학행위에 대해 인디언과 흑인 노예가 서로 돕고, 서로 숨겨주며 문화적으로도 인종적으로도 공존한 발자취를 좇는다. 생물학적으로나 문화적으로 아프리카 노예와 아메리카 인디언의 깊은 유대가 존재하는 것이다.

다음은 윌리엄 로렌 캐츠의 웹상에서 공개된 책의 내용과 인터뷰, 리뷰 등을 요약한 것이다.[9]

캐츠는 다음과 같이 서술한다.

"이 역사는 더없이 중요하다. 왜냐하면 지난 4세기 동안 아프리카

---

9 William Loren Katz, *Black Indians* – The official Web site for William Loren Katz, https://williamlkatz.com/

계 아메리칸과 네이티브 아메리칸은 함께 유럽의 정복과 노예제에 맞서 싸웠고, 그리고 지금도 여전히 미국의 교육과 언설에서 반복되는 표상에 맞서 싸우고 있다. (중략) 우리나라의 역사는 조지 워싱턴이나 토머스 제퍼슨, 앤드루 잭슨 등 자유와 싸운 영웅들의 신화 축적을 통해 이야기된다. 그리고 나는 이 영웅이 아프리카인과 선주민의 거주지를 노예화하고 전쟁에 끌어들였음을 증명한다. 그리고 그 소유지에서 도망쳐 온 사람들의 보고를 동시에 증명하는 것이다. (중략) 아프리카인 안내자나 식민지 시대의 통역자 등은 현지인들과 접촉한 것에 가치를 갖게 되어, 1680년에 종결을 본 수년에 걸친 스페인의 지배에 반감을 품은 것으로 알려진 푸에블로는 아프리카인과 인디언의 동맹에 대해 조사를 했다.

또한, 1738년 블랙 인디언 커뮤니티는 플로리다에서 영국의 침입에 저항해 자유를 지키기 위해 싸운 프란시스코 메넨데스에 대해서도 소개한다. 로드아일랜드, 코네티컷, 롱아일랜드, 뉴저지 등 피쿼트, 왐파노아그, 몬탁 외 많은 부족이 사는 동부 해안과 그 밖의 여러 지역에서 부족의 복잡하게 얽힌 역사를 소개하고 있다."

1763년에는 영국이 플로리다에 항의해서 스페인은 블랙 인디언의 가족을 쿠바로 보내 자유의 몸으로 만들었음을 캐츠는 서술한다. 현재 이 뿌리를 가진 사람들의 후예가 쿠바 동해안의 도시 산티아고 데 쿠바 부근에 있다고 전해지지만 이미 블랙 인디언으로서의 아이덴티티는 거의 갖고 있지 않다고 한다.[10]

이처럼 미국 식민지 시대 극히 초기의 선주민 지배와 노예제의

역사는 이 책의 부제에도 나와 있듯이 미국에서도 그것은 '감추어
진 유산'인 것이다.

또한, 아프리카계 아메리칸에 관한 사이트 <에보니 라이프(EBONY
Life)>에서는 선주민과 아프리카 노예의 최초 접촉 기록부터 복잡
한 협력 관계에 이르는 사정을 간결하게 정리해 놓았다.

가장 이른 시기의 아프리카인과 네이티브 아메리칸의 접촉 기록을
볼 수 있는 것은 1502년으로, 최초의 아프리카 노예가 히스파니올라
섬으로 연행되었으나, 어떤 사람은 그곳에서 탈출해 산토도밍고로 건
너갔다. 이들 블랙 인디언은 세 집단이 통합된 것이다. 최초의 블랙
네이티브 아메리칸은 이러한 집단 속에서 태어났다.

해방을 우선시한 흑인과 선주민 간의 관계는 종종 어려움이 따랐
다. 몇몇 선주민 부족은 미국 정부 편에 붙어 노예제 플랜테이션을 소
유하고 있었다. 선주민이 소유하고 있던 노예와 노예가 된 아프리카
인들은 유럽인이 경영하던 플랜테이션에 존재하던 노예와는 달랐다.
이것이 더욱 흑인과 선주민의 관계를 복잡하게 만들었다.

하버드대 역사학자 헨리 루이스 게이츠 주니어(Henry Louis Gates Jr.)
는 2009년 "미국의 전체 흑인 중 약 5%가 적어도 12.5%의 네이티브
아메리칸 조상을 갖고 있으며, 마찬가지로 적어도 한쪽의 증조부모
가 있다."고 말했다.

플로리다의 세미놀 네이티브는 탈출해 온 아프리카인들과 함께 커

10 William Loren Katz, *Black Indians*, p.118.

뮤니티를 만들고 블랙 세미놀이 형성되어 가는 과정에서 창조적인 활동을 하고 있다. 수백 명의 아프리카인이 세미놀과 함께 여행했다. 그것은 네이티브 아메리칸 거주지로 강제이주를 당했을 때다. 그중 몇 명은 플로리다에 머물고 있다.

1835년의 통계에 따르면, 10%의 체로키 사람들은 아프리카인과 혼혈이다. 남북전쟁 이전에는 체로키족 안에 거주하던 아프리카인들은 노예화되거나 자유로워지거나 했지만, 시민권은 없었다. 1866년, 체로키족은 미국 정부와 아프리카의 유산으로서 이러한 사람들의 시민권을 전면적으로 인정하는 교섭을 성립시켰다.[11]

이상과 같이, 복수의 선주민이 각기 다른 배경을 가지고 있으면서, 아프리카 흑인과의 유대를 갖고, 그것을 창조적이고 다양한 관계성으로 발전시켜 시민권을 얻는 데까지 도달했다. 선주민의 교섭력은 서로 다른 문화나 인종의 접촉이 풍요로움을 낳을 가능성을 시사한다.

또한 '가리푸나(Garifuna)'라고 불리는 중남미의 선주민과 아프리카 노예의 혼혈인들이 존재한다. 독립행정법인 국제협력기구의 홈페이지에 따르면 "가리푸나인은 1635년 아프리카에서 노예선으로 끌려온 사람들이 난파선에서 도망쳐 동카리브의 섬에 정착하던 아라와크(Arawak)족과의 혼혈로 태어났다. 당시 이 지역은 영국과 프랑스의 영유권 분쟁의 소용돌이 속에 있었고, 1797년 5,080명의 가

---

11 EBONYLife,
   https://www.ebony.com/5-things-to-know-about-blacks-and-native-americans-119/

리푸나는 영국군에 의해 고유의 땅에서 쫓겨나 카리브해를 표류하다가 도달한 곳이 온두라스의 로아탄 섬이었다. 거기에서 중미 카리브해 연안을 북상해, 벨리즈에 상륙한 것이 1802년 11월 19일이었다."[12]라고 설명되어 있다.

한편, 유네스코는 가리푸나에 대해 다음과 같이 설명한다.

"1797년 세인트빈센트 섬에서 어쩔 수 없이 도망친 가리푸나 사람들은 중앙아메리카의 대서양 해안을 따라 흩어져 정주화했다. 가리푸나 사람들은 카리브의 선주민족과 아프리카로부터 노예로 연행된 사람들과의 혼혈로, 현재는 온두라스, 과테말라, 벨리즈에 커뮤니티를 구축하고 있다고 전해진다."[13]

유네스코의 서술은 노예로 세인트빈센트 섬에 연행된 사람들이 이미 '가리푸나'로 존재했음을 보여주는 것으로, 왜 '어쩔 수 없이 도망갔는지'에 대한 기술은 없다. 어쨌든 아프리카 노예와 중남미 선주민과의 유대도 북아메리카와 마찬가지로 혼혈과 정주화의 역사를 나타낸다.

현재 유전자 생물학의 DNA 감정을 통해 자신의 뿌리를 거의 완벽하게 거슬러 올라갈 수 있다고 한다. 감정을 받은 사람 대다수가

---

12 独立行政法人国際協力機構 世界ホットアングル中南米地.
13 「ユネスコ 人類の口承及び無形遺産の傑作宣言」,
    http://www.accu.or.jp/masterpiece/masterpiece.php?id=1&lg=jp

자기 안에 다양한 인종과 민족이 혼합되어 있음이 판명돼 인종적 편견이 무의미함을 납득한다고 한다.

DNA 감정의 위태로움과 반대로 레이시즘을 극복하는 한 가지 방법은 내 안의 다양한 뿌리를 아는 것일지도 모른다. 균질하고 단일한 문화를 갖는다고 일반적으로 인식되고 있는 일본에서도 민족적·인종적 다양성 및 중층성은 부정할 수 없는 것이다.

3.10 세계사 속 저항과 탈출, 공생

전시 하에서 조선인의 강제적 노무 동원이 이루어졌다는 사실은 많은 자료가 증명하고 있다. 그리고 그 가혹한 노동현장으로부터 탈출을 도운 아이누 사람들의 행동은 현재 시점으로 본다면 휴머니즘이나 미담으로 전해지게 만든다. 그러나 당시 그런 행위가 어느 정도로 위험을 수반했을지에 대해 충분히 생각해야 한다. 왜 아이누 사람들은 그런 행위를 할 수 있었을까?

제국주의의 식민지 지배는 이미 침략을 일상화한 사태에서 시스템화된 노동력의 공급을 추진하고, 그 이상으로 식민지 지배의 의식과 사상을 형성한다. 압도적인 폭력의 시스템 속에서 이에 저항하는 것은 '악'이자 '범죄'로 여겨진다. 손발이 구속되고 계속 매를 맞는 상황에 대해 침을 뱉는 사소한 저항의 행위가 '반역'이나 '범죄'가 된다. 현재도 세계 각지에서 벌어지고 있는 처참한 '테러' 행위에 대해 이를 비난하고, '테러에 굴복하지 않는다'라는 슬로건은 상투적인 것이 되었다. 그러나 애초에 그 '테러'가 왜 일어나는

가, 그 구조는 거의 설명되지 않았다. 압도적인 폭력에 대한 저항은 어떤 행위를 통해 가능할까?

권력 기구가 결정한 커다란 폭력의 틀에서부터 말단의 직접적인 폭력조직에 이르기까지 체제에 저항하는 사고력을 갖기란 매우 어려운 일이다. 결정사항을 엄숙하게 따르는 관료적 행위로 인해 최악의 학살이 자행된 것은 한나 아렌트(Hannah Arendt)가 『예루살렘의 아이히만』이나 『전체주의의 기원』 등에서 말하는 '악의 평범성'이다.[14]

그리고 이런 사고 정지와 대극에 있는 것이 아이누 사람들의 행위가 아닐까. 조선인 노무자의 탈출은 엄벌을 받고 죽음에 이를 정도의 폭행도 적지 않았다고 한다. 탈출자를 몰래 숨겨주고, 혈연관계를 맺고 정착시키기까지의 행위는 그야말로 목숨을 건 것이라고 할 수 있다.

'홀로코스트(Holocaust)'의 알려지지 않은 역사의 측면을 밝힌 티머시 스나이더(Timothy Snyder)의 『블랙 어스(Black Earth)』는 유대인을 숨겨주고 도주에 협력한 다양한 사람들에 대해 분석한다. 저항 운동에 참가한 이들과 반유대주의자인 우익, 일본 외무성의 스기하라 지우네(杉原千畝)까지도 포함한 '잿빛 구제자', 폴란드나 소비에트 등의 '하늘과 땅의 파르티잔', 그리고 이름 없는 무수한 '정의로운

---

14 アーレント・ハンナ著, 大久保和郎訳(1969) 『イエルサレムのアイヒマン―悪の陳腐さについての報告』, みすず書房; アーレント・ハンナ著, 大久保和郎訳(1972) 『全体主義の起源Ⅰ―反ユダヤ主義』, みすず書房; アーレント・ハンナ著, 大久保和郎・大島かおり共訳(1972) 『全体主義の起源Ⅱ―帝国主義』, みすず書房; アーレント・ハンナ著, 大久保和郎・大島かおり共訳(1972) 『全体主義の起源Ⅲ―全体主義』, みすず書房.

소수자'들의 유대인 구제의 복잡하고 다양한 모습이다. '정의로운 소수자'는 유대인 구제에 대해 발설하지 않고, 입을 열었을 때도 '구조자에게는 어떤 종류의 특별한 겸허함, 동기에 대해서는 당장이라도 입을 다물고 말려는 주눅 든 모습이 경향으로서 틀림없이 존재'했다. 그것은 성차, 계급, 언어, 민족, 세대를 초월해 일관된 "선의 평범성(banality)"이라고 스나이더는 서술한다.[15]

강제적인 노무 동원 현장에서 탈출한 조선인들을 숨겨주고 도피에 협조한 아이누 사람들은 유대인들을 구제한 무명의 '정의로운 소수자'의 모습과 겹친다. 조선인을 구조한 아이누 사람들은 전쟁 후 누구나 똑같은 일을 하는 줄 알았는데 그런 일을 한 것은 자신들 뿐이라는 것을 알고 이후 입을 다물게 됐다고 한다. 구조를 행한 당사자인 아이누 사람들은 전쟁 후에도 그런 사실에 대해 침묵하고 이야기하지 않았다. 그 사실에 대해 말하기 시작한 것은 필자가 청취 조사를 시작하게 된 2005년 이후의 일이며, 이미 타계한 부모의 행위를 이야기하는 사례이기도 했다.

홋카이도의 선주민 아이누와 식민지 피지배자인 조선인의 유대는 기존의 아이누 상(像)을 전복하는 것인 동시에 '협력'과 '저항' 틈에서 생겨난 한순간의 기적적인 희망의 행위로 기록·기억되어야 할 것이다. 그 국면을 큰 시점에서 재고했을 때 보이는 것은, 인간으로서 사고력을 잃지 않고, 생명의 소중함과 타자와의 공존을 목표로 한 아이누 사람들의 행위가 아닐까.

---

15 ティモシー・スナイダー著, 池田年穂訳(2016)『ブラック・アース』下, 慶応義塾大学出版会, pp.63-163.

　조선인의 인간으로서의 존엄도, 생명의 가치조차 인정받지 못한 가혹한 상황 속에서 동포 간 구원의 은밀한 네트워크의 존재와 아이누 민족이 시국의 교조적 프로파간다를 뒤로하고 인간으로서 조선인의 생명을 지켰다는 사실이 드러난다.

　이런 행위를 새삼스레 아이누 민족의 숭고함이나 조선인의 비참함으로만 말하려는 의도는 없다. 가혹한 상황을 극복하기 위한 수단으로 양측이 협력한 경우도 있을 것이다. 그러나 거기에는 미담과 단단한 유대관계를 넘어 인간을 분단시키고 사고 정지에 빠지게 하는 제국주의 전시 하의 상황이 있었음을 잊지 말아야 한다.

　폐색적이고 교조적인 의식이 지배하는 시대 상황 속에서 보편적인 윤리를 갖는다는 것은 많은 경우 매우 곤란함을 수반한다. 민중사의 발굴이 진행되면서 묻혀 있던 수많은 비참한 역사적 사실이 밝혀짐과 동시에 가혹한 역사의 틈새에서 생겨난 아름다운 이야기도 떠오른다. 아이누 사람들의 관용과 확고한 인간성에 감동받는 것도 사실이다. 그러나 모든 의미에서 이러한 작은 서사의 '휴머니즘'은 근대사 자체가 내포한 비인간적 수탈과 억압과 분단의 역사가 배경에 존재하며, '공존'이나 '공생'이라는 말만으로 아름답게 가리는 것은 엄히 경계해야 한다.

4. 맺음말

　'세계를 갖지 않고서도 세계적인 것', 보편적 제국주의의 폭력에 항거하는 연대의 장, 아이누 민족과 조선인의 유대를 '헤테로토피아'라고 부를 수도 있을 것이다.[16] 유토피아처럼 실재하는 것이 아니라 현존하면서 권력이 미치지 않는 장소, 권력을 반전하는 장소로서의 연대의 반(反)장소. 현대 사상과 그 실천의 어려운 개념을 초월해, 가장 억압된 서벌턴들의 연대가 분명히 존재했다.

그러나 현재도 자신이 아이누라는 사실에 자긍심을 갖고 문화 전승자로 활동하면서도 자신의 자녀에게도 조선의 뿌리가 있음을 말하지 못하는 아이누 사람들이 있다. 일본에서 최근 한국·조선·중국에 대한 증오는 점점 더 심해지고 있다.

운동선수나 연예인이 재일 코리안임을 폭로하거나 어디까지가 진짜인지 신빙성은 전혀 없지만, 정치인이 '귀화인'이라는 등 인터넷에서는 '음모론'이 성행한다. 일본은 재일 코리안에 의해 지배된다, '귀화인'의 음모다 등의 진부하고 유치한 것이지만 미숙하고 무지한 세대가 아니라 의사나 기업가 등 어느 정도의 지위를 가진 계층도 이러한 언설의 확산에 열심이다.

또, 어느 자민당 국회의원은 자신의 블로그에 아이누와 재일조선인을 노골적으로 모욕하고 우롱하는 내용을 올렸다. 이 의원은 언론과 시민에게 비판을 받으면서도 사과도 없고 사직도 하지 않았다. 그녀를 압도적으로 지지하는 유권자가 있기 때문이다. 민주주의에서 권력은 위로부터의 압력이 아니라 민중이 스스로 원하는 폭력과 폭정을 실현한다.

16 2024년 5월 콜로키엄 토론에서 한림대학 전성곤 교수의 교시(教示)에 의거.

일본에서는 전후 민주·평화헌법이라고 불리는 것은 '국민' 이외에 기본적 인권이나 전후 보상·배상을 인정하지 않는 진정한 '레이시즘 헌법'이었다. 일본 국민이 아무리 그것을 '민주헌법' '평화헌법'이라고 무지와 무치(無恥)로 자랑하더라도 국가의 근간에 레이시즘이 존재한다. 그것을 기본이념으로 하여 모든 법적 제도로서 정상화한 것이 지금의 일본이다.

그러한 차별과 배외주의를 정당화하는 것이 천황제다. 패전 후 미국의 점령정책을 용이하게 하기 위해 존속한 천황제는 혈통주의에 입각한 호적제도를 유지하고 '국민'과 외국인을 엄격하게 준별한다. 일본에서 태어난 재일조선인이 몇 세대가 지나든 외국 국적인 것은 천황제에 의한 것이다. 그리고 일본에서 제대로 된 권리, 인간으로서의 권리를 갖기 위해서는 '귀화'라는 굴욕적인 선택을 해야 한다. '귀화(帰化)'라는 한자의 정확한 뜻은 '군주의 가르침에 고분고분 따른다'는 것이다. 더는 동화될 수 없을 정도로 동화된 재일조선인이 일본인으로 귀화할 때, 거기에 명확한 귀화기준이라는 것이 없다. 귀화 신청이 수리될지, 각하될지는 법무대신의 재량이다. 각하된 경우에도 법무대신이 그 이유를 진술할 의무는 없다.

2024년 5월 15일, 기시다(岸田) 내각은 세금을 체납한 영주 외국인으로부터 영주권을 박탈한다는 외국인등록법 개정안을 국회에 제출했다. 재류 카드를 휴대하지 않은 경우도 영주권 박탈 대상이다. <외국인등록법 개정법>은 6월 14일에 국회에서 결의되어 같은 달 21일에 교부되었다. 외국인 기능실습제도 대신 '육성 취업' 제도가 도입되어 외국인의 대량 수용을 상정한 개정안이다. 불법체

46

류를 엄중히 단속하기 위한 것이었다.

세금을 징수하면서도 참정권도 부여하지 않고, 극도로 높은 문턱을 모두 통과해 영주권을 취득한 외국인에게 세금 체납 등으로 영주권을 박탈한다는 것이다. 자원도, 에너지도, 노동력도 해외에 의존하지만, 노동력은 인간이 아니라는 일본 정부의 일관된 자세다.

"일본에는 국민은 있지만, 사람은 없다. 일본에 국가는 있지만, 사회는 없다."[17]라고 한 일본인 사회학자가 말했는데 맞는 말이라고 생각한다.

'인권 선진국'이라고 불리는 미국과 유럽 각국에서도 레이시즘은 존재한다. 그러나 레이시즘을 부정하는 헌법 이념과 법적 제도가 있다. 그래도 사람들의 차별의식은 사라지지 않는다. 그렇다면 국가의 근본이념으로서 레이시즘이 존재한다면 사람들의 의식은 얼마나 배외적이 될까? 애초에 일본에서는 레이시즘조차 의식하지 못할 정도로 레이시즘 태풍의 눈 속에 있다.

선주민 지배와 식민지 지배가 교차하는 장에서 피억압자의 공생은 제국주의가 초래하는 보편적 폭력의 구도라고 할 수 있지 않을까. 그 관계성은 매우 다양하고 중층적으로, 결코 단순한 미덕으로만 이야기할 것도 아니었을지 모른다. 그러나 가장 가혹한 억압과 배제의 상황 속에서 더불어 사는 것을 선택함으로써 풍요롭고 단단하게 생존을 이어가는 것을 가능하게 했다.

---

17 菊谷和宏(2015) 『「社会(コンヴィヴィアリテ)」のない国 日本―ドレフュス事件・大逆事件と荷風の悲嘆』, 講談社.

세계화 속에서 세계적인 규모에서의 절대적 '타자'가 항상 만들어지고, 경제의 절망적 격차는 임계점에 다다르고 있다. 고향에서 떨어진 사람들이 안주할 유토피아는 세계 어디에도 없음을 알 수 있다.

그러나 분단된 세계에 저항하고 가혹한 역사 속에서 함께 살았던 사람들처럼 권력과 자본의 공갈에 굴하지 않고 자립한 의사를 가진 사람들의 연대와 협력은 배외주의와 세계 시스템의 포학(暴虐)이 미치지 못하는 다양성으로 가득 찬 풍요로운 세계, 헤테로토피아를 만들어 낼 희망으로 이어질 가능성이 있는 게 아닐까.

중세 불교 사원의 남색 정당화 담론 고찰

승려와 지고(稚兒)의 남색을 중심으로

이 경 화

1. 머리말

지고(稚兒)란 본래 어린 아이를 뜻하는 말이지만 헤이안(平安) 시대 무렵부터 진언종(真言宗)과 천태종(天台宗) 등의 불교 사원에서 삭발하지 않은 소년 수행승을 부르는 표현이기도 하다.[1] 718년에 제정된

---

1 쓰치야 메구미(土谷恵)는 사원 안의 소년들을 지고(児), 중동자(中童子), 대동자(大童子)로 구분하고, 지고(児)는 상황에 따라 상동(上童)으로 불리기도 했다고 분석했지만, 본고에서는 중세 일본의 불교 사원에 소속되어 승려를 수행하거나 신변 잡무를 처리하고 시중을 들면서 남색의 대상이 되기도 했던 소년들을 총칭하는 포괄적 의미로 '지고(稚児)'라는 용어를 쓰고자 한다. 비록 '지고(児)'와 발음이 같아 혼동을 초래할 우려가 있지만 '지고(稚児)'가 일반 대중에게 이미 널리 알려진 용어이기 때문이다. 자세한 사항은 본론에서 후술하겠다.

《양로령(養老令)》의 '승니령'에는 "무릇 승려란 근친향리(近親鄕里)의
신심이 있는 아이를 골라 함께 하는 것을 허용한다."는 조항이 있
어 승려가 소년을 절에 들여 함께 생활하는 것은 국가적 차원에서
도 용인된 사항이었음을 알 수 있다.[2]

　문제는 불교 사원 안에 들어와 승려의 식사 시중을 비롯한 다양
한 신변 잡무를 도맡아 했던 소년들이 표면상으로 엄격한 계율을
지켜야 하는 승려들의 남색의 대상이 되고 있었다는 사실이다. 이
문제에 관한 선행 연구를 대별하자면 우선 『아키노요노나가모노
가타리(秋夜長物語)』, 『아시비키(あしびき)』 등 승려와 지고의 연애를 그
린 무로마치(室町) 시대의 지고모노가타리(稚児物語)에 대한 문예적,
미학적 연구들을 들 수 있다.[3] 한편 승려와 지고의 남색 문제를 일
본의 불교사상사나 중세사의 관점에서 접근해 중세 일본의 불교
사원의 실태나 사회사, 예능사 등과 관련해 분석한 연구들을 들 수
있다.[4] 그러나 사회적으로 존경받는 위치에 있는 대사원의 승려인
성인 남성, 그리고 집과 부모를 떠나 그러한 승려 아래에 철저하게
예속된 소년 사이에 이루어지는 성적 행위는 단순히 남색문화의
유행이라는 현상 속의 연애담으로만 볼 수 없으며, 일본 불교계의
도덕적 해이나 승려의 타락 등의 시각으로만 접근할 문제가 아니

2　松尾剛次(2008) 『破戒と男色の仏教史』, 平凡社, p.81.

3　지고모노가타리(稚児物語)에 대한 선행 연구는 이용미(2011) 「稚児物語의 미
　　학에 관한 재고－『秋夜長物語』・『あしびき』를 중심으로－」 『日語日文學硏究』Vol.
　　76 No.2, 한국일어일문학회, pp.125-126에 자세하다.

4　대표적인 연구로는 土谷恵(1992) 「中世寺院の童と児」 『史學雜誌』 第101編 第12
　　號, 史學社; 細川涼一(2000) 『逸脱の日本中世』筑摩書房, pp.57-84; 松尾剛次(2008)
　　『破戒と男色の仏教史』, 平凡社, pp.70-115 등을 들 수 있다.

다. 이는 불교 사원이라는 특수한 위계 질서가 작동하는 환경하에서 뚜렷하게 우위에 있는 성인 남성 승려의 소년에 대한 지속적이고 반복적인 성적 지배라는 관점에서 재고해볼 필요가 있다.

불교 사원에 속한 지고는 그 신분에 따라 다양한 위계가 존재하기 때문에 단일적 집단으로 규정하기는 어렵지만, 승려의 남색 대상이 됨으로써 여성의 역할을 강요받았다는 점에서는 거의 예외가 없다. 또한 온갖 담론 안에서, 예컨대 모노가타리(物語)나 와카(和歌), 일기, 설화, 회화 자료, 사원 기록 등에서 지고는 규정당하고 도구화되는 존재였지만, 정작 그 담론의 장에서 스스로 목소리를 낼 수 있는 주체가 된 적은 거의 없다는 점에서 종속 집단, 즉 서벌턴(subaltern)이라 할 수 있다. 지고를 이러한 서벌턴에 관점에서 접근한 선행 연구로는 「일본 고전으로 본 男色과 지고(稚兒)의 고찰－서벌턴의 관점에서－」[5]가 있는데, 남색의 대상이 되었던 지고가 등장하는 일본 고전 문학 작품을 통시적으로 개관하고 있어 구체적인 담론 분석에는 이르지 못하고 있다.

본고에서는 이러한 선행연구를 토대로 지고의 서벌턴적 측면에 주목해 일본에서 승려의 파계 행태가 본격화되는 중세를 중심으로 승려와 지고 관계의 실상을 파악하고, 남색을 미화하고 정당화한 담론을 분석하고자 한다. 구체적으로는 중세 불교 사원의 실상을 보여주는 『금단악사근수선근서장초(禁斷惡事勤修善根誓狀抄)』 등의 사료와 중세 사원 관련 회화 자료인 『가스가권현험기회(春日權現驗記會)』,

---

5 문명재(2022) 「일본 고전으로 본 男色과 지고(稚兒)의 고찰－서벌턴의 관점에서－」『日語日文學研究』제122집, 한국일어일문학회, pp.263-287.

설화집『고금저문집(古今著聞集)』등 다양한 자료를 검토함으로써 승려와 지고 관계의 실태를 입체적으로 파악하고자 한다. 또한 승려의 파계와 성적 착취를 정당화하는 양면의 논리로 작동하는 여성혐오와 소년을 보살의 화신으로 자리매김하는 지고관정(稚児灌頂)의 담론 구조를 고찰하고자 한다.

2. 중세 불교 사원의 승려와 지고

2.1 불사음계 파계의 실태

13세기초 미나모토노 아키카네(源顕兼)가 편찬한 불교설화집『고사담(古事談)』제3권 71화에는 세이손(成尊) 승도(僧都)가 닌가이(仁海) 승정(僧正)의 참 제자(眞弟子)라고 되어 있는데, 여기에서 '참 제자'란 제자가 스승의 친아들인 경우를 가리키는 표현이다. 결국 세이손은 닌가이 승정이 어떤 여자와 밀통해서 태어난 아들이라는 것이다. 여자는 아이가 장성하면 이 일이 드러나지 않을까 걱정하여 영아에게 수은을 먹였는데, 당시는 수은을 먹으면 목숨은 부지해도 생식기가 온전치 못하게 된다고 여겨졌다고 한다. 설화는 이 세이손 승도가 그 일로 인해 '남자든 여자든 평생 범하지 않은 사람(男女に於て一生不犯のひと)'이라고 전한다.[6] 승정까지 오른 승려가 여성과 밀통

---

6 浅見和彦·伊東玉美 ほか (2010)『新注 古事談』, 笠間書院, pp.176-177.

을 하고 자신의 사생아를 제자로 삼은 것도 심각한 파계지만, 조손이 평생 '남자든 여자든' 범하지 않았다는 부분은 당시 승려집단 안에서 이미 남색이 일반적이었음을 말해준다. 에신 승도(惠心僧都)라 일컬어지던 겐신(源信)은『왕생요집(往生要集)』안에서 '중합지옥(衆合地獄)' 중 하나인 악견소(惡見所)는 남의 아이를 취해 성교를 강요하여 울부짖게 만든 자가 떨어져 고통받는 지옥이고, 같은 남자와 성교한 자가 떨어져 괴로움을 겪는 지옥은 다고뇌(多苦惱)라고 경고했지만 이러한 현상은 날로 심화되어 간다.

당시 승려들에게 확산된 파계의 실태를 가장 잘 알 수 있는 예로 소쇼(宗性, 1202~1278)를 들 수 있다. 동대사(東大寺)의 승려이자 화엄종을 중심으로 불교 연구에 힘썼던 소쇼는 가마쿠라 시대를 대표하는 학승으로서 높은 평가를 받아온 인물이다. 후지와라노 다카카네(藤原隆兼)의 아들로 태어나 1214년 동대사에 들어가 도쇼(道性)에게 사사하여 출가했다. 이후 동대사의 승강(僧綱)·권대승도(權大僧都)를 역임하고, 1260년에는 동대사 별당(別當)에 임명되어 구불교의 부흥에 힘썼으며, 1269년에는 권승정(權僧正)에 임명되었다. 동대사에는 이 소쇼의 자필 원고가 많이 남아 있어 그의 높은 학식을 엿볼 수 있는데, 놀랍게도 그 안에는 음주, 남범(男犯) 등 당시 승려들의 타락상을 드러내는 자료도 포함되어 있다. 1258년 9월 9일 소쇼가 악한 일을 금단하고 선근(善根)을 기르기 위해 노력할 것을 스스로 맹세한 내용을 담고 있는『금단악사근수선근서장초(禁斷惡事勤修善根誓狀抄)』는 당시 관승들의 불사음계 파계의 실상을 잘 보여준다. 그 가운데 1237년 11월 2일 당시 36세였던 소쇼가 맹세한 5개 조 서

약문을 제시하면 다음과 같다.[7]

> < 5개 조 기청(起請) >
>
> 1. 41세이후에는 항상 가사기데라(笠置寺)에 칩거할 것.
>
> 2. 현재까지 95명. 남자를 범하는 것은 100명이 넘지 않도록 음욕을 절제할 것.
>
> 3. 가메오마루(亀王丸) 외에는 애동(愛童)을 만들지 않을 것.
>
> 4. 내 방 안에 상동(上童)을 두지 않을 것.
>
> 5. 상동·중동(中童)[8]들 중에서 염자(念者)[9]를 만들지 않을 것.
>
> 이 5개조는 일생토록 위와 같이 금단(禁斷)하여 심신청정(心身清淨)·내외결제(內外潔齊)하여 미륵을 만날 업인(業因)을 닦아 도솔천에 왕생을 이루기 위함이다.
>
> 지금 이후로 이 금단을 어겨서는 안 될 것, 기청은 이상과 같다.
>
> 嘉禎 3년 11월 2일 사문(沙門) 소쇼(宗性)

중세의 사원 사회, 특히 관백태정대신(關白太政大臣) 이치조 가네요

---

7 松尾剛次(2008), 前揭書, pp.74-76.
8 중세 사원 안의 지고는 그 출신과 신분에 따라 다양한 계급이 있었다. 대략적으로 보면 지고(兒), 중동자(中童子), 대동자(大童子)로 나눌 수 있다. 지고(兒)는 귀족에 버금가는 대우를 받는 몇 안 되는 특별한 소년을 가리키는데, 때로는 이들을 상동(上童)이라 부르기도 한다. 상동은 신분이 높은 가문 출신이지만 사승의 식사 시중, 외출시 동행, 춤, 피리와 거문고 연주, 잠자리 시중 등 그 역할은 중동자와 다를 바 없었다. 중동자는 명확하지 않지만 상동자보다 하층 계급 출신이었을 것으로 짐작된다. 서민 계급 출신의 대동자는 관승이 될 수 없으며, 나이가 들어서도 옷차림은 동자와 같았다. 土谷恵(2001)『中世寺院の社会と芸能』, 吉川弘文館, p.240.
9 남색관계의 연인.

시(一條兼)의 아들이자 흥복사(興福寺) 다이조인(大乘院)의 승려였던 진손(尋尊, 1430~1508) 등 지위가 높은 일부 승려들 사이에서 남색이 일반화되어 있던 점은 널리 알려진 바이다. 그런데 이 사료를 보면 권력의 정점에서 벗어나 있는 중류 귀족 출신인 소쇼도 36세 시점에 이미 95명이나 되는 자와 남색 관계를 가졌다는 것은 지위 고하를 막론하고 당시 사원 안에서 남색이 얼마나 보편적으로 확산되어 있었는지 짐작할 수 있다. 그리고 소쇼는 자신의 남색 상대가 100명은 넘지 않도록 하겠다는 상한선을 정해놓으면서도 남색 행위 그 자체를 부끄러워하거나 반성하는 모습은 찾아볼 수 없는 점도 당시 승려들의 계율에 대한 느슨한 감각을 엿볼 수 있다. 가메오마루 외에 애동(愛童)을 만들지 않겠다는 다짐이나 자신의 방에 상동(上童)을 두지 않을 것이라는 맹세는 결국 서약 이전에는 다른 승려 밑에 있는 지고들 중에도 총애하는 아이들이 있었고, 소쇼의 방에 상동도 있었음을 알 수 있다. 그리고 이러한 서약들은 소쇼가 남긴 후대의 기록을 보면 그마저도 지켜지지 않았음을 알 수 있다.[10]

이처럼 지고가 승려의 남색 대상이 됨으로써 때로는 같은 절 안의 승려들 사이에서 미모의 지고를 둘러싼 다툼이 벌어지기도 했다. 가마쿠라 시대 남도(南都) 불교의 석학으로 알려진 조케이(貞慶)는 1213년에 가이쥬센사(海住山寺)에 거주하는 승려들이 지켜야 할 5개 조 규칙을 적은 기청문을 썼는데, 그 제5조가 '산중의 투쟁(鬪諍)을 멈출 것'이었다. 지고가 원인이 되어 승려들끼리 서로 비방하거나

---

10 『宗性史料』下「地指論指示抄」奧書 1275년 8월 22일자. 松尾剛次(2008), 前揭書, pp.86-87.

무례를 범하는 것을 우려하며 경계한 것이다. 이 외에도 1349년 이부키산(伊吹山) 수험도(修験道)의 거점인 오우미관음사(近江観音寺)에서도 사원의 장로에 대한 험담을 금하는 조항과 타인의 지고를 건드리는 것을 금제하는 조항을 제시하고 있는데, 규정을 위반할 경우 절에서 추방한다고 되어 있다.[11]

이러한 금제 조항이 사원의 법규에 등장하게 된 배경에는 그만큼 지고를 둘러싼 사건 사고와 분쟁이 많았음을 알 수 있다. 실제로 위에서 언급한 소쇼의 경우 총애했던 지고가 살해당한 충격으로 비탄에 빠져 산중에 칩거한 기록이 남아있다[12]. 원래는 부처에게 향화를 바치고 불법을 배우며 승려의 식사 시중 등 신변에서 사승(師僧)을 보좌하는 역할을 했던 지고가 여인금제의 영역인 사원 안에서 점차 승려들의 억눌린 욕구를 해결하는 성적 대상으로 간주되었음은 공공연한 사실이지만, 위의 자료들은 실제 지고를 대상으로 하는 남색의 실태가 얼마나 심각하고 일상화되어 있었는지 뒷받침해 준다. 아울러 지고가 승려들 사이에서 물건처럼 뺏고 빼앗기는 대상이었고, 때로는 무고하게 살해당하는 경우도 있었다는 사실은 당시 사원내에서 지고라는 존재가 얼마나 도구화되고 객체화되고 있었는지 단적으로 말해준다.

2.2 설화 속의 지고

닌나사(仁和寺)의 제5대 문적(門跡)이었던 가쿠쇼(覺性)는 헤이안 후

---

11 細川涼一(2000)『逸脱の日本中世』, 筑摩書房, p.78.
12 松尾剛次(2008), 前揭書, pp.86-87.

기의 황족 출신 승려이자 가인이다.[13] 『고금저문집(古今著聞集)』[14] 권 제8 「호색(好色)」 제323단에는 가쿠쇼가 총애한 지고 이야기가 실려 있다. 『고금저문집』이 사실에 기초한 회고적 성격의 문헌이기 때문인지, 이 이야기는 『아키노요노나가모노가타리』나 『아시비키』 등 승려와 지고의 관계를 지고지순하고 애절한 사랑으로 미화하는 지고모노가타리와는 조금 다른 관점에서 전개된다.

닌나사의 가쿠쇼 스님에게는 센쥬(千手)라는 총애하는 동자가 있었다. 용모가 아름답고 성품도 빼어났다. 피리를 불고 이마요(今様)[15] 등도 부를 줄 알아 스님의 총애도 대단했다. 그 무렵 미카와(參河)라고 하는 동자가 새로 오게 되었다. 미카와는 쟁(箏)을 연주하고 노래를 불렀다. 이 동자 또한 가쿠쇼의 총애를 받게 되어 센쥬에 대한 관심은 조금 덜해졌다. 센쥬는 그런 상황이 유쾌하지 않았는지 가쿠쇼 앞에서 물러난 채 오랫동안 모습을 보이지 않았다.

---

13 가쿠쇼입도친왕(覚性入道親王: 1129~1169)은 도바(鳥羽) 천황의 아들로 속명은 모토히토 친왕(本仁親王). 황족이나 공가(公家) 출신이 주지를 맡는 특정 사원, 혹은 그런 사원의 주지를 문적(門跡)이라 한다. 닌나사 또한 문적 사원 중의 하나였다.
14 다치바나 나리스에(橘成季)가 편찬한 설화집으로 1254년 성립된 후 증보되었다. 총 20권 30편 726화로 구성. 실록을 보완하고자 하는 의도로 칙찬집의 정연한 구성을 모방했고, 서문과 발문에는 관직을 사임한 다치바나노 나리스에가 설화 수집을 위해 『다이키(台記)』『주유키(中右記)』『고단쇼(江談抄)』 등의 기록을 조사하고, 다양한 곳을 찾아다니며, 사람들에게 이야기를 청취했다고 전한다. 이하 설화 본문은 西尾光一・小林保治 校注(1983) 『古今著聞集 上』, 新潮社, pp.365-407에서 인용했고 번역은 필자에 의함.
15 헤이안 시대 중기에 발생하고 가마쿠라 시대에 유행한 일본의 가곡 형식. 이마요(今様)란 '지금 유행하는 양식'이라는 뜻이므로 그 시대의 유행가로 볼 수 있다.

　설화는 승려와 지고의 관계가 결코 수평적인 대등한 관계가 아니며, 변함없는 순수한 사랑도 아니라는 것을 잘 보여준다. 지고의 용모가 아무리 빼어나고 재주가 출중해도 승려의 총애는 언제든 다른 새로운 소년에게 옮겨갈 수 있다. 사원 내에서 절대적인 우위에 위치하며 관계의 주도권을 장악하고 있는 승려에게 지고는 언제든 대체 가능한 존재에 불과하다. 속세의 가부장적 남성 중심 사회에서 여성에게 할당된 처지와 별반 다를 바가 없다. 아니 오히려 지고는 연인 관계의 남녀처럼 다투거나 화를 낼 수도 없다는 점에서 더욱 열악한 입장이라고 할 수 있다. 또한 지고에게 아름다운 용모와 빼어난 성품, 악기 연주와 노래 등 주인의 흥취를 돋울 수 있는 재능 등의 자질이 요구되었다는 점에서는 불도에 입문한 수행자라기 보다는 유녀(遊女)나 예기(藝妓)에 가까운 존재로 볼 수도 있다.

　어느 날 연회가 열려 다양한 놀이가 벌어졌는데 스님의 제자인 슈카쿠(守覚) 법친왕 등도 그 자리에 계셨다. "센쥬는 왜 보이지 않습니까? 불러서 피리도 불게 하고 이마요 부르는 것도 듣고 싶은데"라고 하시니 곧바로 사람을 보내 불렀지만 "오늘은 몸 상태가 개운치 않습니다."라며 오지 않았다. 하지만 심부름꾼을 여러번 보내니 계속 거절할 수가 없어 결국 센쥬는 연회 자리에 참석했다. 평직으로 짠 비단 스이칸(水干)에, 소매에는 가시나무에 앉은 참새가 수놓여 있고 밑단으로 내려갈수록 색이 진해지는 보랏빛 하카마(袴)를 입고 있었다. 유난히 곱고 선명한 옷차림이었는데, <u>센쥬는 상념에 젖어 있는 기색이</u>

<u>역력한 것이 몹시 풀이 죽어보였다.</u> 마침 스님 앞에 술잔을 바치려는 참이었기에 사람들이 센쥬에게 이마요를 권하자 센쥬는 다음과 같이 노래했다. <과거 여러 부처님들께도 버림받았거늘 어찌 하면 좋으리 현재 열방의 그 어느 정토에도 왕생할 마음 없네 비록 죄업이 무거울지라도 극락정토로 이끄소서 아미타불이여> '여러 부처님들께도 버림받았거늘'이라는 대목에서는 <u>목소리가 조금 더 가냘픈 듯했다. 견디기 힘든 마음을 드러낸 것이 애처로워 듣고 있던 이들은 모두 눈물을 흘렸다.</u> 연회 자리도 흥이 깨지고 분위기가 가라앉았는데 가쿠쇼는 참지 못하고 센쥬를 안고 침소로 들어가시고 말았다. 그 자리에 있던 사람들이 모두 놀라며 마구 떠들어대는 사이 날이 밝았다.

센쥬는 가쿠쇼의 변심으로 인해 기분이 좋지 않았던 것인지 연회 자리에 참석하지 않았지만, 거듭된 요구에 결국은 연회에 불려나간다. 그리고 아름답고 가련한 모습으로 버림받은 심정을 노래로 표현해 가쿠쇼를 비롯한 좌중의 모두를 사로잡는다. 처연하고 아름다운 옷차림, 상념에 젖은 듯 기운없는 연약한 모습, 그리고 가냘픈 목소리는 여성을 수식하는 표현에 가깝다. 센쥬에게 다시 마음이 동한 가쿠쇼는 사람들의 시선을 아랑곳하지 않고 애동과 함께 잠자리로 향한다. 결국 한순간에 다시 가쿠쇼의 총애를 잃게 된 미카와는 노래 한 수만 남기고 미련 없이 떠나 버린다.

가쿠쇼가 침소를 보니 얇게 겹쳐진 주홍색 종이를 펴서 노래를 적어 머리맡의 병풍에 붙여놓은 것이 있었다. <저를 찾아오실 당신이라

면 제가 들어갈 산 이름을 붙여두고 가련만 바로 이곳이라고.> 무슨 일인가 하고 잘 읽어보시니 미카와의 필적이었다. 센쥬가 부른 이마요를 듣고 사랑스럽게 여기셔서 다시 옛연인에게 마음을 뺏긴, 꽃처럼 지고 만 마음을 보고 이렇게 읊은 것이었다. 가쿠쇼 스님이 미카와가 간 곳을 물으셨지만 행방은 알 수 없었다. 고야산(高野山)에 올라 법사가 되었다느니 하는 소문도 있었다.

미카와가 남긴 시는 가쿠쇼가 베푸는 총애의 실체를 깨달은 듯 그의 덧없는 마음에 일말의 기대도 남아 있지 않아 보인다. 이 설화 역시 귀족 남성 관료의 손을 거쳐 수집되고 기록된 이야기이기 때문에 지고들 자신의 목소리라고는 할 수 없지만, 승려와 지고의 관계를 아름다운 연인 관계로 미화하는 지고모노가타리와는 달리 당대의 현실을 보다 객관적으로 반영하고 있다고 할 수 있다. 사승이 부르면 여인처럼 아름답게 치장하고 춤과 음악 등의 기예는 물론 잠자리까지 만족시켜주는 역할을 담당하다가, 언제든 주인의 마음이 바뀌면 버림받고 다른 아이로 대체되는 존재로서의 지고의 위상이 잘 드러나 있기 때문이다.

2.3 에마키를 통해 본 지고

후지와라씨(藤原氏) 일족의 수호신인 가스가신(春日神)의 영험을 그린 가마쿠라(鎌倉) 시대의 에마키물(絵巻物) 『가스가권현험기회(春日権現験記會)』는 1309년 당시 좌대신(左大臣)이었던 사이온지 긴히라(西園

60

寺公衡)의 발안으로 제
작되어 가스가대사(春
日大社)에 봉납되었다.
신사와 사찰의 연기
(緣起)를 기록한 에마키
를 대표하는 작품으
로 21권 전권이 빠짐
없이 갖춰져 있고, 당
시의 풍속이 상세하게

〈그림1〉『春日権現験記絵』卷第十五 国会図書館
デジタルコレクション 청구기호 721.2-Ka145n

묘사되어 있어 일본의 중세를 이해하는 데 있어 귀중한 자료라 할
수 있다. 이 에마키에는 고후쿠사(興福寺)에서 서무(庶務)와 잡사(雜事)
를 담당했던 승려인 기이사주(紀伊寺主)가 잠을 자며 꿈을 꾸는 장면
이 그려져 있다. 살생이 금지되어 있는 승려의 머리맡에 칼이 놓여
있는 것도 문제지만, 그보다 더 주목을 끄는 것은 승려와 동침하고
있는 상대가 여성처럼 보인다는 점이다(<그림1> 참조). 중세의 여러
회화 자료 속에 지고는 긴 머리카락을 묶고, 화장을 하고 치아를 까
맣게 물들이는가 하면 스이칸(水干)을 입고 고소데(小袖)를 걸치는 등
마치 여성처럼 꾸민 모습으로 등장하는 경우가 많다. <그림2>에는
지고가 두 명 등장하는데, 긴 머리를 어깨 언저리에서 느슨하게 묶
고 방 안에서 식사를 하는 지고는 상동(上童)이다. 그리고 상동과 마
찬가지로 머리카락이 길지만 목 뒤로 당겨 묶고 툇마루에 꿇어 앉
아 방 안쪽을 바라보며 식사 시중을 들고 있는 지고는 중동자(中童子)
이다. <그림3>의 툇마루에 서 있는 지고도 중동자인데, 상동과 중

동자는 신분에 따라 입는 옷과 머리 모양 등에 차이가 있지만, 이 소년들 모두 여성처럼 보이는 것은 마찬가지다. 지고의 생물학적인 성은 남성이지만, 여인금제의 영역인 사원 안에서 그들은 여성의 역할을 하며, 여성처럼 보여야 하는 존재였음을 여실히 보여주는 자료라 할 수 있다.

〈그림2〉『春日権現験記絵』15 国会図書館
デジタルコレクション WA31-13

불교 사원 내 지고의 위치를 보여주는 또 하나의 자료로 『덴구조시(天狗草紙)』를 들 수 있다. 『덴구조시』는 가마쿠라 시대 말기, 여러 대규모 불교 사원과 각 종파들에

〈그림3〉『春日権現験記絵』11
国会図書館デジタルコレクション WA31-13

속한 승려들의 오만함과 난잡한 행태를 전설상의 요괴인 덴구(天狗)에 빗대어 풍자하고, 그 덴구들이 결국은 발심(発心)하여 성불(成仏)하게 된다는 이야기를 그린 것이다.[16] 그 가운데 〈그림4〉는 헤이안

---

16 e国宝,「天狗草紙絵巻 東寺・醍醐寺巻」,
https://emuseum.nich.go.jp/detail?langId=ja&webView=&content_base_id
=100262&content_part_id=000&content_pict_id=0(검색일: 2024.7.1.)

〈그림4〉 天狗草紙絵巻(東寺醍醐寺巻) 東京国立博物館 A-31, A-1733, A-11894

시대부터 벚꽃 명소였던 다이고사(醍醐寺)의 벚나무 아래에서 지고들이 개화 시기에 맞춰 아리땁게 치장하고 화려한 춤을 추는 것으로 유명했던 사쿠라에(桜会)[17] 장면을 묘사한 것이다. 흐드러진 벚꽃 아래에서 꽃처럼 아름답지만 찰나의 순간밖에 지속되지 못할 아름다움을 지닌 소년들이 춤을 추고 있다. 소년들이 춤추는 무대를 에워싸고 있는 것은 이름도 얼굴도 알 수 없는, 그저 열락(悦楽)에 취해 들떠 있는 듯한 승려들이다. 춤을 마치고 무대로 내려온 한 지고는 구경하러 온 누군가에게 희롱당한 듯 실랑이를 하는 모습이다. 불법을 강설하는 신성한 법회와는 매우 거리가 멀어보이는 풍경이라 하지 않을 수 없다.

법회에 화려한 장속으로 치장한 지고를 거느리는 것은 승려에게 부여된 특권이었다. 앞에서도 언급했듯이 쓰치야 메구미는 헤이안 시대 중반부터 세속 사회의 신분제가 사원에도 도입되어 승려의

---

17 사쿠라에의 정식 명칭은 세이료에(清瀧会)로, 1118년부터 다이고산 아래에 있는 시모다이고(下醍醐) 세이료궁(清龍宮)에서 개최된 법회이다.

계층이 분화되어 가는 과정에서 사원에 들어온 소년들도 상동(上童=兒), 중동자, 대동자로 분화되어 간 것으로 본다. 자신의 출신과 그들이 모시는 사주(師主)의 격에 따라 특권을 누리게 된 소년들은 그만큼 절대적인 복종도 강요받게 된다. 지고(兒)는 아름답게 화장을 하고 우아하고 화사하게 꾸민 모습으로 사주(師主)인 승려를 수행하며 일상적으로는 신변의 모든 일을 처리하는 한편, 공식적인 무대에서는 승려를 장엄하게 돋보이게 하는 역할을 담당했다. 승려는 총애하는 소년들에게 다양한 예능을 배우게 했고, 이 소년들은 12세기 중반에 도래한 무악법요(舞樂法要)가 융성하고, 동무(童舞)가 사원 예능의 절정을 구가하는 시대의 주역이 된다. 처음에 소년들은 무악법요 안의 공양무(供養舞)를 췄지만, 이윽고 그 춤은 연회의 흥취를 돋구는 오락성 강한 춤으로 변질되어 갔다.[18] 승려들에게 있어서 지고는 불법을 전수하고 키워나갈 후학이라기보다 자신들의 세속적 욕구와 기호를 충족시키는 도구로 소모되는 존재였음을 알 수 있다.

3. 남색의 정당화 담론 구조

3.1 부정한 여성과 청정한 소년

중세 사원 사회 안에서 승려와 지고의 남색 관계가 만연하고 공

---

18 土谷恵(2001), 前掲書, p.253.

공연해지면서 그 행태를 미화하고 남색의 당위성을 주장하기 위해 고안된 장치는 바로 여성을 부정한 존재로 간주하는 여성혐오와 지고의 신격화였다. 승려가 오염되고 부정한 존재인 여성을 거부하고, 순수하고 신성한 존재인 지고와 관계를 맺는 것은 문제가 되지 않을 뿐만 아니라, 오히려 왕생과 성불의 방편이 될 수도 있다는 터무니없는 논리이다.

원래 계율의 '계'는 자신을 규율하는 내면적인 도덕 규범을 의미하는 한편 '율'은 교단에서 지켜야할 집단 규칙을 말한다. 따라서 '계'는 어겨도 벌을 받지 않지만 '율'을 어길 경우 그 죄에 따라 벌을 받게 된다. 이처럼 계와 율은 본래 별개의 개념이지만 일본에서는 이 양자를 일괄해 '계율'이라 하고, 석가가 정한 승려집단의 규칙이라는 뜻으로 쓰고 있다.

이 계율 가운데 불살생·불투도(不偸盗)·불음(不淫)·불망어 네 가지는 파계할 경우 참회를 해도 용서를 받을 수 없으며 승단에서 추방되는 엄한 벌을 받게 된다. 또한 불음계는 일체의 성교를 금하며, 이성은 물론 동성이나 동물과의 고의적 성교를 금하고 있다.[19] 이렇게 명료한 계율이 존재함에도 불구하고 당시의 승려들은 내면적 도덕 규범과 형식적인 규칙 모두 지키지 않는 것을 넘어, 자신들의 파계 행위를 완전히 가치 전도(轉倒)시키는 새로운 논리를 만들어낸 것이다.

일본 최초의 출가자는 여성이었음에도 불구하고 헤이안 시대 이

---

19 松尾剛次(2008), 前掲書, pp.20-23.

후 여성은 일단 남성으로 변하지 않으면 성불할 수 없다는 '변성남자(變成男子)' 사상을 비롯해, 여자는 범천왕도 제석천도 마왕(魔王)도 전륜성왕도, 그리고 부처도 될 수 없다는 오장(五障) 관념 등 차별적 교의가 확산되며 여성에 대한 부정적 인식은 차츰 더 심화되어 갔다. 원래『연희식(延喜式)』에서 신성한 장소에 출입할 수 없는 사예(死穢)는 남녀 모두에게 해당되었고, 출산한 여성에 대한 출입규제도 한시적이었다. 그러나 무로마치 시대에 중국에서 전래된 위경(偽經)인『혈분경(血盆経)』의 확산 등으로 여성이 출산과 월경혈로 대지를 더럽힌다는 부정관이 침투하게 된다. 그에 따라 여성을 게가레(穢れ)와 결부시키고, 나아가 신사·사찰·영산(靈山) 같은 종교적 공간에 여성 자체를 규제하는 여인금제, 여인결계가 강화되게 된 것이다.

당시 승려들의 여성에 대한 인식을 보여주는 단적인 예로 가마쿠라(鎌倉) 시대 초기의 불교설화집인『홋신슈(発心集)』와『간쿄노토모(閑居友)』에 실려 있는 일명 '부정관 설화(不淨觀説話)'라 불리는 일군의 설화를 들 수 있다. 부정관이란 불교 수행상의 관법(觀法) 중 하나로, 수행자가 번뇌와 욕망을 떨치기 위해 육체가 죽어서 변해가는 모습을 관찰하며, 그 부정함을 깨닫는 수행법이다.[20]

남성 승려들이 쓴 이 부정관(不淨觀) 설화에서 관법의 대상이 되는 것은 주로 젊고 아름다운 '여성의 육체'이다. 설화 속에 등장하는 여성들은 스스로 자신의 신체를 더러운 것으로 간주하며, 때로는

---

20 廣田哲通(1983)「不浄観説話の背景」『女子大文学』國文篇34, 大阪女子大學文學
    會, p.58.

승려의 수행을 위해 자신의 신체를 도구화하는 데 기꺼이 동참하는 모습으로 그려진다. 여성의 신체는 그저 남성 승려의 수행 도구일 뿐인 것이다. 이렇게 왜곡된 담론 안에서 정작 신체의 주인인 여성은 혐오의 대상으로 전락하고 자기의 몸으로부터 소외당한다.[21]

이렇게 자신의 신체로부터 소외되었다는 점에서는 지고도 부정한 존재로 취급받는 여성들과 다를 바가 없다. 승려들에게 순수함과 아름다움의 결정체로 찬양받으며 총애받는 지고는 타고난 생물학적인 성을 부정당한 채, 아름답고 온순한 여성의 모습으로 살아야 한다. 또한 지고는 사승 신변의 온갖 잡다한 시중을 들고, 남색의 상대가 되는가 하면 춤과 노래로 즐거움을 주고, 행사 등에 동원되어 장식품처럼 그들을 돋보이게 하며 그들의 심신의 만족을 위해 도구화되고 있기 때문이다.

3.2 산일아이산왕(山一児二山王)과 지고관정

더러운 여성의 신체와 대비되는 청정하고 신성한 소년이라는 이미지를 구성하는 토대가 된 관념으로는 먼저 '산일아이산왕(山一児二山王)'을 들 수 있다. 이 표현은 사이초(最澄)가 처음으로 히에이산(比叡山)에 올랐을 때 먼저 십선사신(十禅師神)의 화신인 지고를 만난 다음 산왕(山王)를 만났다는 전승에 의거하는데, 이에 따르면 지고는 엔랴쿠사(延暦寺)의 수호신이라는 것이다. 가마쿠라 시대 말기에 성립된 『산가요략기(山家要略記)』에도 사이초가 당나라에서 일본으

21　이경화(2022) 「여성의 신체에 대한 담론의 구조-일본 신화와 부정관설화를 중심으로-」『일본어문학』 제96집, 일본어문학회, pp.301-311.

로 돌아오는 길에 폭풍을 만나자 천태산(天台山)의 수호신인 동자가
현현했고, 사람들이 '산일아이산왕(山一兒二山王)'이라고 하는 것은
바로 이 고사에 연유한다고 기록되어 있다. 또한 산왕7사(山王七社)[22]
와 여러 말사에 관해 기술한 『엄신초(嚴神鈔)』(1414년) 오서(奥書)에는
사이초가 처음으로 산에 올랐을 때 먼저 아이를 만나고 다음으로
산왕을 만났는데(一兒二山王), 일아(一兒)란 십선사(十禅師)를, 이산왕(二
山王)이란 오미야권현(大宮権現)을 가리킨다고 되어 있다.[23]

　본래 금지된 지고와의 남색 행위를 지속하기 위해서는 정당한
이유가 필요해진 까닭에 자타가 공인할 수 있는 납득할만한 구실
이 필요했다. 이렇게 해서 만들어진 것이 바로 신성한 지고라는 담
론이다. 이는 원래 일본 불교계의 저변에 존재했던 '소년은 신불(神
佛)의 화현'이라는 관념을 확대재생산한 것으로 볼 수 있다.[24]

　이러한 논리가 더 구체적으로 전개된 것은 일본의 천태종계 사
찰에서 행해진 지고관정(稚兒灌頂)이라는 의례이다. 무로마치 시대가
되자 천태종에서는 소년을 지고(稚兒)라는 특별한 존재로 바꾸기 위
해 이 지고관정 의식을 치렀다. 관정이란 원래 보살이 부처가 될
때, 그 머리에 여러 부처들이 물을 부어주며 그가 부처의 위치에 달
했음을 증명하는 것이다. 같은 원리로 지고관정을 통해 소년은 관
음보살과 동체로 간주되는 신성한 존재가 되는 것이다. 관음과 동
체인 지고는 중생에게 자비를 주는 존재이며, 그 중생 안에는 물론

22　히요시대사(日吉大社)에 소속된 본사(本社)・섭사(攝社)・말사(末社) 21사를
　　상・중・하 각 7사씩 구분한 것.
23　細川凉一(2000), 前掲書, pp.76-77.
24　武光誠(2015) 『日本男色物語』, カンゼン, pp.60-61.

승려도 포함되어 있기 때문에 지고는 성애를 통해 승려를 구제하는 존재라는 논리로 귀결된다. 결국 관음보살인 지고와 성적인 관계를 갖는 것은 그 자체가 깨달음에 이르기 위한 종교적인 행위이므로 정당하다는 셈이다. 참으로 파계를 저지르는 승려들에게는 편리한 논리라 하지 않을 수 없다.

4. 맺음말

이상 본고에서는 일본에서 승려의 파계 행태가 본격화되는 중세를 중심으로 불교 사원에서 행해진 승려와 지고(稚兒)의 남색을 둘러싼 담론들을 분석했다.

먼저 Ⅱ장에서는 불교 사원이라는 특수한 공간 안에서 사승인 승려와 지고가 맺고 있던 관계의 실체를 이해하기 위해 학승 소쇼 등 실존 인물들과 관련된 사료를 분석했다. 그 결과 승려와 지고의 남색은 몇몇 최상위층의 승려에 한정된 현상이 아니라, 중하위층 이하의 승려집단을 포함한 광범위한 영역에 걸친 보편적 현상이었음을 알 수 있었다. 또한 원래 사승(師僧)을 보좌하며 불법을 배워야 할 지고가 여인금제의 영역 안에서 점차 승려들의 억눌린 욕구를 해결하는 성적 대상으로 간주되며, 승려들 사이에서 뺏고 빼앗기는 물건처럼 간주되는 실태도 확인할 수 있었다. 한편, 『고금저문집』『가스가권현험기회』『덴구조시』 등 설화와 에마키를 통해서도 승려와 지고는 철저한 지배와 예속의 관계였음을 알 수 있었다. 지고는 사승이 부르면 언제든 여인처럼 아름답게 치장하고 춤과 음악 등의 기예는 물론 잠자리까지 만족시켜주는 역할을 담당하다가, 언제든 주인의 마음이 바뀌면 버림받고 다른 아이로 대체되는 소모품에 가까운 존재였다. 승려들에게 있어서 지고는 불법을 가르치고 키워나갈 후학이라기보다 자신들의 세속적 욕구와 기호를 충족시키는 도구로 소모되는 존재였음을 알 수 있다.

마지막으로 III장에서는 승려와 지고의 성적 결합을 미화하고 정당화한 논리로서 여성을 부정한 존재로 간주하는 여성혐오와 '성스러운 지고(稚兒)'라는 관념이 표리의 관계로 작동하고 있음을 확인했다. 여성처럼 보이지만 부정한 존재인 여성과는 다른 소년, 특히 지고관정이라는 의례를 거쳐 관음보살의 화신으로 거듭난 청정하고 성스러운 소년과의 교접을 통해 승려는 구제과 왕생을 이룰 수 있다는 논리이다. 이러한 담론 안에는 그 담론들을 생산해낸 주체인 승려와 귀족 관료 등 성인 남성의 관점에서 철저하게 객체화되고 도구화된 지고만 묘사되어 있을 뿐, 그 어디에서도 직접적인 당사자의 목소리를 찾을 수 없다는 점에서 서벌턴으로서의 지고의 위치를 확인할 수 있었다.

| 참고문헌 |

문명재(2022)「일본 고전으로 본 男色과 지고(稚児)의 고찰－서벌턴의 관점에서－」『日語日文學研究』제122집, 한국일어일문학회, pp.263-287.

윤유숙(2016)「전근대(前近代) 일본사회 남색(男色)풍속의 역사에 관하여」『외국학연구』제37집, 중앙대학교 외국학연구소, pp.393-421.

이경화(2022)「여성의 신체에 대한 담론의 구조－일본 신화와 부정관설화를 중심으로－」『일본어문학』제96집, 일본어문학회, pp. 293-312.

이용미(2011)「稚児物語의 미학에 관한 재고－『秋夜長物語』・『あしびき』를 중심으로－」『日語日文學研究』Vol.76 No.2, 한국일어일문학회, pp.125-138.

浅見和彦・伊東玉美 ほか(2010)『新注 古事談』, 笠間書院, pp.176-177.

阿部泰郎(1998)『湯屋の皇后』, 名古屋大學出版會, pp.197-244.

黒田日出男(1989)『絵巻 子どもの登場―中世社会の子ども像』, 河出書房新社, pp. 44-105.

_____(2002)『姿としぐさの中世史』, 平凡社, pp.45-67.

小山聡子(2007)「寺院社会における僧侶と稚児：『往生要集』理解を中心として」『二松学舎大学論集』50, 二松学舎大学文学部, pp.25-44.

武光誠(2015)『日本男色物語』, カンゼン, pp.60-61.

田中貴子(2004)『性愛の日本中世』, 筑摩書房, pp.11-51.

土谷恵(2001)『中世寺院の社会と芸能』, 吉川弘文館, pp.130-177・pp.239-256.

西尾光一・小林保治 校注(1983)『古今著聞集 上』, 新潮社, pp.365-407.

平松隆円(2007)「日本仏教における僧と稚児の男色」『日本研究』34, 国際日本文化研究センター, pp.89-130.

廣田哲通(1983)「不浄観説話の背景」『女子大文学』國文篇 34, 大阪女子大學文學會, p.58.

藤原良章・五味文彦 編(1995)『絵巻に中世を読む』, 吉川弘文館, pp.180-225.

細川涼一(2000)『逸脱の日本中世』, 筑摩書房, pp.50-84.

松尾剛次(2008)『破戒と男色の仏教史』, 平凡社, pp.70-115.

国立国会図書館デジタルコレクション,「春日権現験記絵」, https://dl.ndl.go.jp/pid/1287500/1/18(檢索日: 2024.7.1.)

e国宝,「天狗草紙絵巻東寺・醍醐寺巻」,

https://emuseum.nich.go.jp/detail?langId=ja&webView=&content_base_id=100262&content_part_id=000&content_pict_id=0(檢索日: 2024.7.1.)

제3장

근세 일본의 콜레라 유행
피해 상황과 막부의 서벌턴 계층 구제책을 중심으로

김 미 진

1. 머리말

1883년 로버트 코흐(Robert Koch)가 콜레라균(Vibrio cholera)을 발견하기 전까지 콜레라는 원인도 치료법도 모르는 무서운 전염병이었다. 일본에 콜레라가 처음 발생한 것은 1822년의 일이다. 이는 조선에서 시작하여 쓰시마(対馬)를 통해 일본에 유입되었다. 그로부터 36년 뒤인 1858년에 역사상 두 번째 콜레라가 나가사키(長崎)에서 발생하여 에도(江戸)까지 일본 전역을 휩쓸게 된다. 1858년에 발생한 콜레라는 여전히 원인을 알 수 있는 전염병으로 막부 말의 혼란한 상황은 더욱 가속화되었다.

일본의 콜레라에 관한 선행연구는 메이지 유신 이후에 초점이 맞춰져 있다.[1] 근대 이전의 콜레라에 관한 연구로는 김학순의 「전염병과 요괴: 역병 예언과 퇴치 기원의 요괴」[2] 과 편용우의 「일본 고전 속의 전염병과 가짜 소문」[3]이 있다. 전자는 역병의 원인을 근대적으로 해석하기 어려웠던 시기 각종 요괴를 통하여 전염병의 퇴치를 기원했다는 점을, 후자는 19세기의 콜레라 확산 관련 소문의 주된 내용이 예방법과 관련되어 있음을 지적하고 있다. 또한 박병도는 「근세 말 일본의 재해와 회화: <재해 니시키에(災害錦繪)> 범주의 가능성」[4]에서 1858년 콜레라 유행과 함께 성립한 회화 장르인 콜레라에(コレラ絵)를 분석하여 재해와 관련된 회화의 특징에 대해서 분석하고 있다. 이와 같이 근세 시대의 콜레라 발생과 관련된 논문은 전근대 시대 역병의 유행과 퇴치와 관련된 당시 사람들이 믿었던 미신과 소문에 대해 초점이 맞춰져 있다.

본고는 이상의 선행연구를 바탕으로 1858년에 일본에서 유행한 콜레라 피해 상황에 대해서 고찰하고자 한다. 또한 콜레라라고 하

---

1 김영수(2023) 「메이지 일본의 콜레라 유행 통제와 피병원(避病院)의 제도화」 『梨花史學研究』 66, 이화여자대학교 이화사학연구소, pp.49-80; 신규환(2018) 「1870-80년대 일본의 콜레라 유행과 근대적 방역체계의 형성」 『史林』 64, 수선사학회, pp.253-278; 김영희(2016) 「근대전환기 일본 국민의 '위생' 인식－메이지건백서를 중심으로－」 『日本學報』 107, 한국일본학회, pp.237-263 등이 있다.
2 김학순(2021) 「전염병과 요괴: 역병 예언과 퇴치 기원의 요괴」 『일본연구』 35, 고려대학교 글로벌일본연구원, pp.63-86.
3 편용우(2021) 「일본 고전 속의 전염병과 가짜소문」 『인문과학연구논총』 42-3, 명지대학교 인문과학연구소, pp.42-62.
4 박병도(2020) 「근세 말 일본의 재해와 회화: <재해 니시키에(災害錦繪)> 범주의 가능성－호소에, 나마즈에, 코레라에, 하시카에의 상호비교를 통하여－」 『역사민속학』 58, 한국역사민속학회, pp.165-197.

는 불가항력적인 전염병 유행 상황에서 에도 막부의 사회적 하층
민인 서벌턴[5] 계층을 위해서 실시한 구제책을 살펴보겠다.

2. 1822(文政5)년 제1차 콜레라 유행

일본에 콜레라가 처음 발생한 것은 1822(文政5)년이다. 가쓰라가
와 호켄(桂川甫賢)은 당시 나가사키(長崎) 데지마(出島)에 와 있던 네덜
란드 상관장 얀 콕 블롬호프(Jan Cock Blomhoff)에게서 건네받은 책을
일본어로 번역하여 『고레라코(酷烈辣考)』(1822년 성립)를 간행한다. 도
입부를 인용하면 다음과 같다.

　　요즘 듣자하니 나니와(浪速: 지금의 오사카[大阪], 옛 지명에 대한 설명은
　논자에 의함. 이하 동)에서 유행병의 일종이 만연하고 있다고 한다. 원래
　는 조선 반도에서 쓰시마(対馬)로 전파되어 결국 조보(長防: 스오[周防]와
　나가토[長門] 일대로 지금의 야마구치 현[山口県] 부근)까지 확산되었고, 근래
　결국에는 긴키(近畿) 지방에도 퍼졌다. 이로 인해 죽은 사람이 매우 많
　다고 한다. 그 때문에 증상을 알아보고 서간으로 보고를 받은 이야기
　에 의하면 이는 오란다(阿蘭陀) 의학에서 말하는 '콜레라(酷烈辣)'이다.
　이는 계절에 따라서 유행하는 병으로 작년에는 자와 섬(瓜哇: 인도네시
　아를 구성하는 섬의 일부) 주변에서 발생했고 이것이 결국은 우리나라에

5　서벌턴이란 중심의 주변부에 있는 집단 혹은 종속화된 하급 계층으로 주체자로
　서의 사회적 지위를 얻지 못한 집단 혹은 사람을 의미한다.

도달한 것이다.[6]

'콜레라(酷烈辣)'라는 병명은 상기 인용한 『고레라코』에 처음으로 등장한다. 인용문의 밑줄 친 부분과 같이 '콜레라'는 네덜란드의 의학 용어 'cholera'를 한자의 음을 빌려서 '酷烈辣'라고 표기한 것이다. 당시 일본에서는 이 전염병에 걸리면 3일 안에 죽는다고 해서 '3일 꼴깍(三日ㅋ미ㄲ)'이라고 부르기도 했다. 하지만 당시 콜레라라는 전염병은 병의 원인과 증상, 치료법 등이 의학적으로 밝혀지기 전이기 때문에 『고레라코』에서도 이에 대한 구체적인 언급을 확인하기 어렵다.

1822년 일본에서 유행한 콜레라는 조선에서 발생한 것이 유입되었다. 『순조실록(純祖實錄)』 1821년 기록을 살펴보면 당시 조선에서의 콜레라의 전파와 피해 규모를 확인할 수 있다.

① 『순조실록(純祖實錄)』 순조21(1821)년 8월 13일 기사
평안 감사 김이교(金履喬)가 아뢰기를, "평양부(平壤府)의 성 안팎에 지난달 그믐 사이에 갑자기 괴질(怪疾)이 유행하여 토사(吐瀉)[7]와 관격

---

6 頃日聞く浪速の地一種の流行病あり。其初朝鮮より対州にわたり、ついに長防に到り、漸く京畿の辺を侵す。死亡もの甚多しと。因て詳に其症状を問ひ、又書を致して報告するものを看るに、所謂酷烈辣莫爾蒲私にして、天行不正の気、客歳爪哇島の辺に起り、終に延て我邦に到れるなるべし。(桂川甫賢(1822)『酷烈辣考』 京都大学貴重資料デジタルアーカイブ, 레코드ID: RB00002594, https://rmda.kulib.kyoto-u.ac.jp/item/rb00002594#?c=0&m=0&s=0&cv=0&r=0&xywh=-4493%2C-241%2C15464%2C4800, 검색일: 2024.06.01.)

7 구토와 설사를 동반한 증세.

(關格)[8]을 앓아 잠깐 사이에 사망한 사람이 10일 동안에 자그마치 1천여 명이나 되었습니다. 의약도 소용없고 구제할 방법도 없으니, 목전의 광경이 매우 참담합니다. 항간(巷間)의 물정(物情)이 기도를 하였으면 하는데 기도도 일리가 없지 않으니, 민심을 위로함이 마땅할 것입니다. 비록 지금 크고 작은 제사를 모두 중지하고 있습니다만, 이것은 제사와는 다르기 때문에 먼저 본부 서윤 김병문(金炳文)으로 하여금 성내(城內)의 주산(主山)에 정성껏 기도를 올리게 하였습니다. 그러나 아직도 그 돌림병이 그칠 기미가 없고 점차로 확산될 염려가 있어 점차 외방의 각 마을과 인접한 여러 고을로 번지고 있습니다. 그렇기 때문에 신이 또 친히 경내의 영험이 있는 곳에 기도를 올리려고 합니다. 가난하고 의지할 곳 없는 사람으로서 아파도 치료를 하지 못하는 사람과, 이미 사망했는데도 장례를 치르지 못한 사람은 별도로 구호하고 사정을 참작하여 도와주고 있습니다. 그 사망자의 숫자와 돌림병의 상황은 앞으로 잇달아 아뢸 생각입니다."하였다.[9]

---

8 체한 것처럼 답답하여 먹지도 못하고 대소변도 못 보며 인사불성이 되는 병.

9 庚寅/平安監司金履喬啓言: "平壤府城內外, 自去月晦間, 忽有輪行怪疾, 吐瀉關格, 頃刻殞斃, 旬日之內, 多至千餘。 而醫藥所不及, 救止無其術, 目下景色, 萬萬驚慘。 閭里物情, 惟願祈禳, 祈禳亦無其理, 民心亦宜慰答。 雖當大小祀竝停之時, 此與行祀有異, 故先使本府庶尹金炳文, 虔誠祈禳于城內主鎭山矣。 尙無寢息之意, 轉有滋蔓之慮, 漸及於外村各里隣境諸邑。 故臣又將躬禱於境內靈異處。 貧殘無依者之方痛, 而不能調治者, 已死而未及掩埋者, 另加存恤, 參量助給。 死亡數爻, 寢息形止, 鱗次登聞計料。(『순조실록(純祖實錄)』순조21년 8월 13일자 기사). 본고에서 인용한 『순조실록(純祖實錄)』예문은 한국고전종합BD (https://db.itkc.or.kr/dir/item?itemId=JT#/dir/node?grpId=&itemId=JT&gubun=book&depth=1&cate1=&cate2=&dataGubun=%EC%84%9C%EC%A7%80&dataId=ITKC_JT_W0, 검색일: 2024.06.20.)에 의함. 또한 인용문의 밑줄 및 사각형 테두리 표시는 논자에 의한 것임. 이하 동.

②『순조실록(純祖實錄)』순조21(1821)년 8월 14일 기사

비국에서 아뢰기를, "방금 관서 도백의 장계를 보니, **이름도 모르는 병**이 날로 치성하여 10일 사이에 사망자가 자그마치 1천 명에 이른다고 하였습니다. 그리고 또 들리는 말에 의하면 해서의 여러 고을에도 이런 병이 유행한다고 합니다. 불쌍한 저 백성들의 목숨이 화염속에 있는 것 같아 조석을 보존하지 못할 듯하니, 참으로 매우 참담합니다. 삼가 선조(先朝) 기미년의 일을 상고해 보건대, 그때에 이름도 모를 병이 서울과 지방에 유행하자, 여제(厲祭)[10]와 위안제(慰安祭)를 지내라는 명을 내리고, 또 도백들은 그 병이 치성한 곳에 여제를 지내게 하였으며, 각 고을에는 그 고을의 수령으로 하여금 단(壇)을 쌓아 제문을 지어 제사를 지내도록 하였고, 향축(香祝)은 도백이 제사를 지내는 곳에만 내려보내게 하였습니다. 그런데 이번 양서(兩西)에 유행하는 병은 기미년보다 더 심하니, 희생을 가지고 사방의 백물(百物)에게 제사를 지내는 뜻에 있어서 당연히 기도를 올려야 하겠습니다. 양서의 도백에게 분부하여 기미년의 사례에 의하여 지성으로 제사를 지내도록 하고 향축(香祝) 및 제물은 해조(該曹)에서 기미년의 사례에 의하여 즉시 마련하도록 알리기 바랍니다."하니, 그대로 따랐다.[11]

---

10 억울하게 죽은 귀신인 '여귀'에게 올리는 제사.
11 辛卯/備局啓言: "今見關西道臣狀啓, 難名之疾, 日益熾蔓, 旬日之間, 死亡相續, 多至千數。且聞海西列邑, 亦有此患云。哀彼民命, 如在火炎之中, 若不保朝夕, 誠極慘然。謹稽先朝己未, 以時有無名之疾, 遍行京外, 命設厲祭及慰安祭, 而道臣設行於熾盛處各邑, 則令該倅, 設壇操文侑之, 香祝只於道臣設行處下送矣。今此兩西輪疾, 殆有甚於己未, 其在䃃幸之義, 宜有祈禳之方。分付兩西道臣, 依己未已例, 虔誠設行, 而香祝及祭品, 自該曹, 亦依己未已例, 卽速磨鍊知委。" 從之。
(『순조실록(純祖實錄)』순조21년 8월 14일자 기사)

③『순조실록(純祖實錄)』 순조21(1821)년 8월 15일 기사

하교하기를, "도성에 유행하는 **괴질(怪疾)**이 점차 치성하여 민심이 뒤숭숭하다고 하니, 참으로 민망스럽다. 5일을 한하여 도살을 금하지 말라고 각사(各司)에 분부하라."하였다.[12]

④『순조실록(純祖實錄)』 순조21(1821)년 8월 16일 기사

하교하기를, "**돌림병**이 매우 괴이하니 체류된 죄수들이 민망스럽다. 죄질이 가벼운 죄수는 석방하도록 하라."하였다.[13]

⑤『순조실록(純祖實錄)』 순조21(1821)년 8월 22일 기사

하교하기를, "유행하는 **괴질**이 아직 가라앉지 않아 사망자가 날마다 늘어난다고 하니, 놀랍고 송구함을 말로 다 표현할 수 없다. 이것이 이미 백성을 위한 일이라면 사례의 유무에 구애받지 말고, 아경(亞卿)을 보내 날을 받지 말고 산천(山川)의 양재제(禳災祭)를 정성껏 거행하도록 하라."하였다. 이때 이름도 모를 괴질이 서쪽 변방에서 발생하여 도성에 번지고 여러 도에 만연하였다. 이 병에 걸린 사람들은 먼저 심하게 설사를 하고 이어 오한(惡寒)이 발생하는데, 발에서 뱃속으로 치밀어 들어 경각간에 10명 중 한두 사람도 살지 못하였다. 이 병은 집집마다 전염되어 불똥 튀는 것보다 더 **빨리** 유행되었는데, 옛날의 처방에도 없어 의원들이 증세를 알 수 없었다. 이때 경재(卿宰) 이상 사

---

12 敎曰: "都下輪行怪疾, 漸有熾盛, 民情騷擾云, 誠爲可悶。 限五日勿爲禁屠事, 分付各司。"(『순조실록(純祖實錄)』 순조21년 8월 15일자 기사)
13 敎曰: "輪疾甚怪, 滯囚可悶, 輕囚放釋" (『순조실록(純祖實錄)』 순조21년 8월 16일자 기사)

망자가 10여 명이었고, 여느 관료나 백성은 그 수를 헤아릴 수 없이 많아 서울과 지방의 사망자까지 합하면 모두 수십만여 명이나 되었다. 그리고 관서 지방이 더욱 혹심하였는데, 금년 여름과 가을 사이에 이 병이 또 발생하였고 팔도도 모두 이와 같았다. 이 병은 요주(遼州)와 계주(薊州) 지방에서 번져 들어와서 온 나라에 퍼졌다고 한다.[14]

1821년 8월 조선의 평안부에서 유행한 콜레라는 한양에까지 확산되었다. 조선에서는 서양의 의학 용어 'cholera'를 의식한 병명이 붙여지기 전 단계로 위 인용문의 사각형 표시 부분과 같이 '괴질', '이름도 모르는 병', '돌림병'이라고 불렀다. 콜레라의 기세는 좀처럼 꺾이지 않았으며 감염자는 금세 천여 명에 이르렀다. 구토와 설사를 동반하며 체한 것처럼 가슴이 답답하여 먹지도 못하다 인사불성이 되는 증상을 보였으며, 치료법을 알지 못해 기도를 올리는 수밖에 없었다(인용문①). 그럼에도 불구하고 감염의 확산 기세가 더욱 거세지자 억울하게 죽은 귀신인 여귀에게 제를 올리는 등의 노력을 하였다(인용문②). 민심이 흉흉하였기에 소 도축을 허락했으며, 죄질이 가벼운 죄수도 석방하는 방책을 내놓았다(인용문③④). 콜레라의 확산 기세는 더해져 한양과 지방의 사망자를 합치면 수

---

14 己亥/敎曰:"輪行怪疾, 尙不寢息, 死亡之患, 日甚一日云, 驚慘悚惕, 不可勝言。
旣是爲民之事, 則不可以事例之有無爲拘, 山川禳災祭, 遣亞卿不卜日虔誠設行。
時有無名之疾, 起自西邊, 及於都下, 蔓延於諸道。遇此疾者, 必先洞注, 繼之以
厥逆之氣, 自足衝入腹內, 頃刻之間, 十無一二生者。家家傳染, 疾於煙火, 古方
所無, 醫莫能執症。卿宰以上死亡十餘人, 庶僚士民, 不計其數, 摠京外爲累十萬
餘。而關西尤酷, 明年夏秋之間, 此疾又發, 八路同然。蓋自遼、薊流來, 遍於一
國云。(『순조실록(純祖實錄)』순조21년 8월 22일자 기사)

십 만여 명에 이르렀음을 알 수 있다(인용문⑤). 여기에서 주목할 만한 것은 인용문①의 밑줄 부분과 같이 가난하여 치료를 받지 못한 사람들이 많았다는 점이다.

조선의 콜레라 감염의 확산 기세는 이듬해인 1822년 쓰시마를 경유하여 일본 야마구치에까지 미치게 된다. 단, 첫 번째 일본 내 콜레라 유행은 교토(京都)와 오사카(大阪), 야마구치(山口), 규슈(九州) 지방에 영향력을 떨쳤고, 에도(江戸)까지 전파되지는 않았으며 막부도 적극적으로 구제책을 내놓지 않았다.

3. 1858(安政5)년 제2차 콜레라 유행

에도에 콜레라가 유행한 것은 1858(安政5)년 7월의 일이다. 1590년부터 1873년까지 에도에서 일어난 일을 편년체로 기술한 사이토 겟신(斎藤月岑)의 『부코넨표(武江年表)』10권의 1858년 8월 기사에는 당시 콜레라가 유행한 상황을 다음과 같이 기술하고 있다.

8월 초부터 점차 유행하여 에도와 근방에 널리 퍼졌다. 빠른 속도로 증상이 악화되고 걸리면 즉시 죽었다[할주 : 신분이 높은 사람에게는 조금] 처음에는 한 마을에 5~7명, 점차 늘어나 줄지어 늘어선 처마 아래 한 집에 베개를 나란히 두고 누운 사람도 있었다. 길거리에 포복한 채로 죽어있는 자도 있었다. 이 병은 폭사(暴瀉) 또는 폭사(暴痧) 등으로 부르며 속언(俗諺)으로 '고로리'라고 한다. 서양에서는 '콜레라' 또는

'아지야', '데이카' 등으로 부른다.[15]

    콜레라에 걸리면 급속도로 증세가 악화되어 즉시 죽음에 이르게
되는 무서운 질병이라는 설명과 함께 당시 사망자와 환자가 급격
히 늘어난 상황을 기록하고 있다. 또한 일본에서는 '폭사(暴瀉/痧)' 속
어로 '고로리'라고도 불렀으며, 서양에서는 '콜레라', '아지야', '데
이카'라고 불렀음을 확인할 수 있다. 그리고 상기 인용문 할주의
'신분이 높은 사람에게는 조금(貴人には少し)'을 통해서 귀천(貴賤)에 따
라서 증상이 심해지는 정도 및 죽음에 이르는 비율에 차이가 있었
음을 알 수 있다. 또한 『부코넨표』에는 콜레나 감염으로 사망한 사
람들의 피해 규모와 전파 지역에 대해서 다음과 같이 적고 있다.

    8월 1일부터 9월 말일까지 무가(武家), 조닌(町人), 절, 신사 관계자
등의 남녀 중 이 병으로 목숨을 잃은 자가 대략 2만 8천여 명, 그 중 화
장된 자는 9천 9백여 명이라고 한다. 실로 무서운 병이다. 8월　말경
은 점차 널리 퍼져 그 끝은 확실하지 않지만 오우(奧羽)[16] 근처까지 전
파되었다고 한다[할주 : 스루가(駿河) 도오토미(遠江)[17] 부근에서도 유행하여

---

15 八月の始より次第に熾にして、江戸中幷近在に蔓り。即時にやみて即時に終れり[割
    注:貴人には少し]。始の程は一町に五人七人、次第に殖て櫓を並べ、一ツ家に枕を
    並べ臥たるもあり。路頭に匍匐して死につけるも有けり。此病暴瀉又は暴痧など号
    し、俗諺に「コロリ」と云り。西洋には「コレラ」又「アジヤ」「テイカ」など唱ふるよし。(朝
    倉無声増訂(1941)『増訂武江年表』, 国書刊行会, p.291). 본고에서 인용한『부코
    넨표』예문은 일본국회도서관 디지털컬렉션(청구기호:R213.6-Sa25ハウ)에 의
    함. https://dl.ndl.go.jp/pid/1123706/1/155(검색일 : 2024.07.01.) 이하 동.
16 지금의 아오모리 현(青森県), 아키타 현(秋田県), 이와테 현(岩手県), 미야기 현
    (宮城県), 야마가타 현(山形県), 후쿠시마 현(福島県) 일대.

무사가 이 길을 왕래할 때 일을 도와줄 고용부가 적고 하인도 걱정하는 자가 많다. 집들은 밤이 되자 책을 태우고 산에서는 철포를 쏘아 나쁜 기운을 떨치려 한다]. 9월 초순부터 조금씩 잠잠해져 10월에 들어서 점차 소문이 조용해졌다.[18]

　인용문에 따르면 콜레라에 걸려 목숨을 잃은 자가 약 2만 8천여 명이고 그 중 화장된 자가 9천 9백여 명이었다고 한다. 8월 1일부터 9월 말일까지 두 달 동안에 사망하고, 화장된 자의 수만 봐도 콜레라가 아주 무서운 병이라는 것을 알 수 있다. 또한 콜레라는 동북 지방 일대와 시즈오카 현 부근까지 확산되었음을 알 수 있다.

　당시의 콜레라로 인한 에도의 참상을 그린 작품으로는 가나가키 로분(仮名垣魯文) 『안세이 고로리류코키(安政箇労痢流行記)』(1858년 간행, 이하 『고로리류코키』)가 있다. 본 작품은 르포르타주 식 기술 방식을 취하고 있어 콜레라 유행으로 인한 당시의 피해 규모를 생생하게 느낄 수 있다는 특징이 있다. 본 작품의 도입부에는 에도에 원인 모르는 유행병이 돌기 시작하는 상황을 다음과 같이 묘사하고 있다.

　① 데지마(出島)의 달력으로는 1858년 7월 13일(일본에서는 안세이(安政) 5년 5월). 최근 2~3일 사이에 데지마 시중(市中)에서도 갑자기 설사

17　지금의 시즈오카 현(静岡県).
18　八月朔日より九月末迄、武家市中社寺の男女、この病に終れるもの凡弐万八千余人、内火葬九千九百余人なりしと云。実に恐るべきの病也。八月末の頃は次第に蔓延して、その辺際はたしかならねど、奥羽のあたりにもいたりしと聞も。<駿河遠江のこなた道中も甚盛にして、武家方往来の節雇夫少く、家士も又煩へる者多し。宿々夜に入て箆を焚き、山林には鉄砲を放ちて邪気を拂ひし由なり> 九月初旬より些しく遠ざかり、十月に至り漸く此噂止たり。(전게서, 『増訂武江年表』, pp.292-293.)

를 하고 나중에 구토를 하는 자가 발생했습니다. 이러한 증상을 지닌 자가 이미 전날인 12일에는 한때 30명에 달했습니다. 그리고 미국 증기선인 미시시피 호에서도 이러한 복통 증상을 보이는 자가 많이 나왔습니다. 이 병은 분명 유행하고 있습니다. 이 병은 외국에서도 최근 빈번하게 발생하고 있습니다.[19]

②올해 안세이(安政) 5년 6월 하순에 도카이도(東海道)에서 유행하기 시작하여 근처 일대로 퍼지고 있다. 이 병에 걸려서 살아남은 자는 매우 드물다. 멀리 떨어진 곳에서 발생하는 일은 모른다. 하지만 내 친구가 실제로 보고 들은 것을 기술하고자 한다.

에도에서는 7월 상순에 아카사카(赤坂) 부근에서 이 병이 유행하기 시작했으며 레이간지마(靈岸島) 부근에도 이환자(罹患者)가 많이 발생했고, 며칠 지나지 않아 각지로 퍼졌다. 8월 상순부터 중순쯤, 이 병의 확산 기세는 점점 심각해져 이로 인해 사망한 자가 많게는 한 마을에 100여 명, 적게는 5, 60명이나 되었다. 장례식의 관이 큰길에도 좁은 길에도 속속 늘어서 밤이고 낮이고 끊이질 않았다. 에도의 수만 개의 사원은 모두 문전성시를 이루고 화장장의 관은 빈틈없이 쌓여 산을 만들었다. 저녁때 시신을 태우는 화장장 사람도 다음 날 아침에는 스

---

19 此両三日中、出島市中とも、一時に下痢、且追々吐くかゝり申候。右患病の者、既に昨十二日、一時に三十人相煩、将又、亜墨利加蒸気船ミシツヒーにおいても、右様の腹病、多人数御座候に付、右病原は究て流行のものと奉存候。右は、他国にても頃日多分発り申候。(『安政箇労痢流行記』5丁表). 본고에서 인용한『고로리류코키』예문은 와세다대학교도서관 소장본(請求記号 : 文庫08 C0383)에 의함. https://archive.wul.waseda.ac.jp/kosho/bunko08/bunko08_c0383/(검색일: 2024.06.01.). 이하 동.

스로가 화장되어 연기가 되었다. 또한 비석에 죽은 자의 이름을 새기는 석공도 갑자기 자신의 이름을 오륜탑(五輪塔)에 남겼다. 이러한 이야기를 일일이 하면 끝이 없다.[20]

상기 인용문의 ①은 콜레라가 일본에서 발생하기 시작한 상황을 기술한 것이다. 1858년 5월 나가사키(長崎)의 데지마에서 설사와 구토 증상을 보이는 감염자가 30명 정도 발생했음을 알 수 있다. 콜레라는 가미가타(上方)에서 에도를 향하는 주요 도로인 도카이도를 통해 확산되었다. 그해 7월에는 에도의 아카사카 부근에서 유행하기 시작해서 서민들이 주로 거주하는 지역이었던 레이간지마 부근까지 확산되었다. 8월에는 감염자가 한 마을에서 적게는 5~60명, 많게는 100여명 발생했음을 알 수 있다. 콜레라로 인한 사망자는 셀 수 없을 정도로 폭발적으로 증가하였으며, 화장터에서 시신을 태우던 사람이 감염되어 그 다음날 화장되어 재가 되는 일이 있을 정도였다고 설명하고 있다. 이와 같이 1858년의 에도는 콜레라 감염 확산으로 인한 혼동의 한 가운데 있었으며, 특히 감염자의 시신을 태우는 화장터는 아비규환이었다. 당시의 화장터를 향하는 행렬과

---

20 今茲安政五戊午年六月下旬、東海道筋より流行初、近国一円にひろごりて、此病に犯さるゝ者、九死に一生を保つは稀なり。遠く隔る地は去来不知。僕が輩、既に目前に見聞しる土地をいはんに、大江戸は七月の上旬、赤坂辺に始、霊岸島辺にも多くありて、日ならず諸処に押移り、八月上旬より中旬に至ては、病倍々盛んにして、死する者、大きは一町に百余人、小きは五、六人。葬礼の棺、大道小路に陸続て、昼夜を棄ず絶る間なく、御府内数万の寺院は、何所も門前に市をなし、焼場の棺、所せきまで積ならべて山をなせり。夕に人を焼葬坊も、但に茶毘の烟りと登り、誂へられし石塔屋も、今の間に自己が名を五輪に止るなど、一々に言も尽さず。(전 게서, 『安政簡労痢流行記』3丁表・裏)

화장터의 모습을 묘사한 본문과 삽화는 다음과 같다.

> 필자의 지인 아무개는 올 8월 중순에 이번 유행병으로 죽은 자를 위해 고즈캇파라(小塚原)의 화장터로 갔다. 화장하는 자로부터 다음과 같은 말을 들었다. "지난 7월 15일경부터 시신을 태우는 화로가 가득 차서 화장하는 횟수가 많을 것이라고 생각했습니다. 그러나 생각 외로 7월 말이 되자 조금씩 줄어 화로에 여유가 생겼습니다. 그런데 8월이 되자 4일부터 5, 6일간은 화장하지 못한 시신이 2, 30구씩이나 남았고, 10일 이후부터는 600명 정도를 태울 수 없었습니다. 이대로라면 오늘부터 운구된 시신은 9월 2, 3일경이 되지 않으면 습골하지 못합니다. 이런 상황이기 때문에 돈을 아무리 내시더라도 그리 간단히 바로 화장하지 못 합니다"라고 하였다.[21]

위 인용문에 의하면 1858년 8월 콜레라 감염으로 죽은 자의 시신이 넘쳐나 아무리 돈이 있더라도 화장을 할 수 없는 상황이었음을 알 수 있다. 화장터의 혼란스러운 상황은 삽화에도 생생하게 묘사되어 있다. <그림1>에는 화장터가 있는 고즈캇파라(小塚原)로 시신을 싣고 줄지어 이동하는 모습이, <그림2>에는 시신을 태운 연

---

21 余が知己なる何某、当八月中旬、こたひの暴病にて死せし者の為に、小塚原なる茶毘所に至りし折、人焼葬坊人足の話れる様を聞たりしに、『去る七月十五日の頃より、焼釜追々に一はいに相成て、焼数多分なりと思ひの外、月末に至りては、少しく減て釜焼も余り候ひしに、八月に至り、四日より五、六日の間は死人二、三十宛も残り、十日過より六百人程も焼残り候へは、此分にては中々今日より来れる分は、九月二日、三日頃ならでは骨揚には相不成、如此の次第故、金子何程出し給ふとも、中々火急に焼候事は出来不申』と物語れり。(전게서,『安政箇労痢流行記』11丁裏・12丁表)

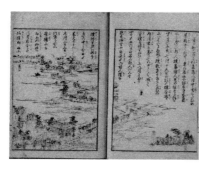 

〈그림1〉『고로리류코키』11丁裏12丁表　　〈그림2〉『고로리류코키』12丁裏13丁表

기와 화장할 시신을 운반한 사람들로 가득한 화장터의 모습이 생생하게 담겨 있다.

　『고로리류코키』의 「8월 1일부터 30일까지 날마다 보고된 사망자 수(八月朔日より晦日まで、日々書上に相成候死人の員数)」에는 콜레라 감염으로 인한 사망자 수를 날짜 별로 기록하고 있다. 이를 표로 정리하면 다음과 같다.

〈표1〉『고로리류코키』에 기록된 1858년 8월 1일부터 30일까지의 콜레라 감염 사망자 수

1일	2일	3일	4일	5일	6일
112명	107명	155명	172명	217명	350명
7일	8일	9일	10일	11일	12일
406명	415명	565명	559명	507명	579명
13일	14일	15일	16일	17일	18일
626명	588명	508명	622명	681명	561명
19일	20일	21일	22일	23일	24일
597명	469명	392명	363명	370명	379명
25일	26일	27일	28일	29일	30일
414명	397명	416명	435명	447명	333명

1858년 8월 1일에 발생한 콜레라로 인한 사망자 수는 112명이었으나, 17일에는 681명으로 정점을 찍고 조금씩 감소 추세를 보이게 된다. 그리고 총 사망자 수에 대해서는 "총 12,492명(〆一万弐千四百九十弐人)"[22]이라고 적고 있으며 이어서 다음과 같은 문장을 덧붙이고 있다.

> 여기에 기록한 것은 모두 보고서에 기재된 것이다. 이 외에 인별장(人別帳)에 적혀 있지 않은 사람의 수는 18,737명이다. 9월 이후 사망자 수가 크게 감소하여 9월 3~4일 경에는 5~60명 발생했다. 그 후 사망자 수는 급격히 감소하여 평소대로 돌아왔다.[23]

위 인용문의 '인별장(人別帳)에 적혀 있지 않은 사람'이란, 당시의 호적에 해당되는 인별장에 이름이 실려 있지 않은 사람으로 주소지가 불분명한 히닌(非人)이 이에 해당된다. 히닌과 같은 피차별계층 피해자는 <표1>에 정리된 사망자보다 약 6,000여명 이상 많은 18,737명에 달했음을 알 수 있다. 이 밖에 유명인 사망자 리스트도 적고 있으며 그 가운데는 우키요에(浮世絵) 화가 우타가와 히로시게(歌川広重)와 근세 후기 인기 작가인 산토 교덴(山東京伝)의 동생 산토 교잔(山東京山)의 이름도 보인다.

---

22 <표1>에 정리해 둔 일별 사망자 수를 합산하면 12,742명으로 『고로리류코키』 본문에서 적고있는 총 사망자 수「〆一万弐千四百九十弐人」와 250명 오차가 있다.

23 此分、全書上。此外に人別なしの者数、一万八千七百三十七人。九月相成候て、九月に至りては大きに減し、三、四日頃は五、六十人に相成、夫よりは、はたと相止、通例に相成申候。(전게서, 『安政簡労痢流行記』15丁裏・16丁表)

4. 재해 상황 속 에도 막부의 서벌턴 구제책

제2차 콜레라 유행은 근세시대 에도 막부 정치의 중심지라고도
할 수 있는 대도시인 에도에 큰 피해를 입힌 만큼 막부에서도 대책
마련에 고심했을 것이다. 그런데 막부의 공식 기록인『도쿠가와 짓
키(德川実紀)』에는 1858년 8월 22일에 콜레라 예방 치료에 관한 내용
의 기사 단 한 건밖에 수록되어 있지 않다. 1858년에 콜레라가 일
본 전국을 강타하여 수많은 피해자를 낳았지만, 막부의 주된 관심
은 다른 데 있었다고 보여진다. 우선 1858년 8월 14일에 제13대 쇼
군 도쿠가와 이에사다(德川家定)가 사망하여 이와 관련된 기사가 8월
기사의 대부분을 차지하고 있다. 그리고 이때 프랑스 사절단이 막
부를 방문하였는데 이와 관련된 기사도 찾아볼 수 있다. 대외 정책
에 크게 신경쓰고 있던 막부 입장에서는 이국 사절단의 방문이 매
우 큰 행사였을 것이다.

이처럼『도쿠가와 짓키』에서는 콜레라에 대한 당시 상황을 살
펴볼 만한 기사를 찾기 어려운데, 이는 막부의 다른 공식 기록을
봐도 마찬가지이다. 막부 법령인『바쿠마쓰 오후레가키 슈세이(幕
末御触書集成)』의 1858년 8월의 60여 건 기사 중 콜레라 관련 기사는
「유행 폭사병 치료법(流行之暴瀉病治療方法之事)」와 「센주 고즈캇바라
주변에 송장 썩은 냄새가 진동하지만 참아야 하는 세상사(千住小塚原
辺死臭不立様勘弁世話之事)」 두 건뿐이다. 당시 쇼군의 죽음과 프랑스 사
절단의 방문이 막부의 최대 관심사였고 상대적으로 일본 전역을
휩쓸었던 역병인 콜레라에 대한 관심이 적은 것으로 비춰질 수 있

는 대목이다.[24]

하지만 이러한 공식 기록에 콜레라와 관련된 기사가 남아있지 않다고 하더라도 이로 인한 피해를 극복하려는 정책적인 노력을 하지 않은 것은 아니었다. 에도 막부는 호적 장부인 인별장을 기반으로 콜레라로 인해 목숨을 잃은 자와 콜레라 감염 환자를 파악하여 기록하였다. 1858년 8월 9일의 에도를 대상으로 한 법령에서 콜레라 실태 조사를 처음 확인할 수 있다.

이와 같이 막부의 마치부교(町奉行)에서 피해자 조사를 철저히 행하여 구제책을 마련한 데에는 과거의 경험이 중요한 역할을 하였다. 에도의 4대 대기근[25] 중 최대 규모의 재난인 덴메이 대기근(天明の大飢饉, 1782~1783)이나 1800년대 들어 발생한 덴포 대기근(天保の大飢饉, 1833~1839), 1855년의 안세이 대지진, 또는 1856년의 풍수해(風水害)와 같은 큰 재해가 닥쳤을 때의 경험을 바탕으로 피해자를 위해 구제책 마련에 적극적으로 임하게 된 것이었다.

<그림3>[26]은 에도에서 발생한 메이레키 화재(明曆の火災)의 참상을 그린 아시이 료이(浅井了意)의 『무사시아부미(むさしあぶみ)』(1661[万治4]년 간행)의 한 장면이다.[27] 메이레키 화재는 1657(明曆3)년 1월 18일 오

24 高橋敏(2020)『江戸のコレラ騒動』, 角川書店, pp.208-209.
25 간에이 대기근(寛永の大飢饉, 1642~1643), 교호 대기근(享保の大飢饉, 1732), 덴메이 대기근(天明の大飢饉, 1782~1783), 덴포 대기근(天保の大飢饉, 1833~1839)을 말한다.
26 <그림3>은 『むさしあぶみ』는 早稲田大学図書館所蔵本(請求記号:ヲ01 03753)에 의함. https://www.wul.waseda.ac.jp/kotenseki/html/wo01/wo01_03753/index.html (검색일: 2024.06.01.)
27 메이레키 대화재에 대해서는 김미진(2022)「일본 근세시대 재해문예와 재해 피해자-『무사시아부미(むさしあぶみ)』를 중심으로-」『일본어문학』 제97집,

후 2시에 혼고(本郷) 혼묘지(本妙
寺)에서 불길이 시작되어 이튿
날인 19일까지 화염이 멈추지
않아 에도의 약 60%가 소실된
대화재로 사망자는 약 10만 명
으로 추정된다. <그림3>은 에
도 막부가 화재로 인해 전 재산
을 잃고 배를 굶주리는 서민들
을 위해서 시바(芝)의 조조지(增
上寺)에서 죽을 나누어 주는 모
습을 그린 것이다.

〈그림3〉『무사시아부미』21丁裏22丁表

　　<그림4>[28]는 덴포 대기근(天
保の大飢饉)의 참담한 상황을 그린 와타나베 가잔(渡辺崋山)의 『고사이
류민 규주쓰즈(荒歳流民救恤図)』(1838[天保9]년 간행)이다. 이는 막부가 대
기근으로 굶주린 서민들을 구제하기 위해서 운영한 오스쿠이고야
(お救い小屋)의 모습을 그린 것이다. <그림4>의 오른쪽 삽화는 배급할
죽을 끓이는 모습이고, 왼쪽 삽화는 오스쿠이고야에 몰려든 사람
들의 모습을 그린 것이다.

　　이와 같이 막부는 재해로 인해 피해를 입은 서민들을 구제하기
위한 방책을 내놓았는데 콜레라 감염의 확산인 경우도 동일하게

　　일본어문학회, pp.245-264 참조.
28　<그림4>는 『荒歳流民救恤図』 日本国立国会図書館デジタルコレクション(請求記号:
　　特1-3105)에 의함. https://dl.ndl.go.jp/pid/2543013(검색일: 2024.06.01.)

〈그림4〉『고사이류민 규주쓰즈』

이루어졌다. 콜레라 피해자 구제는 일반인들뿐만 아니라 날품팔이
로 겨우 살아가는 빈민들을 대상으로 이루어졌다. 당시 콜레라가
발생한 이후에 쌀값이 폭등하였는데 이로 인해 직격탄을 맞은 자
들이 바로 그날 벌어 그날 먹고 사는 빈민 계층이었기 때문이다.
1858년 6월에 나가사키에서 콜레라가 시작되어 7월 이후에 에도
로 퍼지는 등 전국적인 재난 사태가 발생하였는데, 그 해 9월부터
'오스쿠이마이(御救米)'[29]라는 구휼미를 배급하였다. 오스쿠이마이
는 기근, 화재, 수해 등의 재해로 피해를 입은 사람들을 구제하기

---

29 오스쿠이마이는『世界大百科事典』「お救米」항목을 참조하여 논자가 정리한 것
   이다.「江戸時代の困窮民に対する救恤(きゆうじゆつ)策の一つ。多くは飢饉, 火災,
   水害などの災害時, 罹災(りさい)窮民のいっそうの困窮化を防ぐため, 幕府, 領主など
   によって与えられる救助米を指し, 人々はこれを敬して御救米と称した。これに対して,
   民間で行われる救済の救助米は合力米, 施行米と称される場合が多い。なお, 窮民
   層の固定化現象が現れる江戸中期以降, 災害時に限らず日常時の救済も企てられ,
   社会的底辺層に御救米が与えられた。1792年(寛政4)設立の江戸町会所による窮民
   救済は, 日常時の窮民のほか, 災害時の救済として, 火災などの類焼者に限定される
   ものと, 飢饉など江戸町人別の窮民全体を対象とするものとがあった。後者の場合は,
   江戸町人別のおよそ60%が窮民として御救米を受けた。御救米支給基準は, 天保期
   (1830-44)以降, 男1日米5合で, 60歳以上, 15歳以下および女は1日米3合, 10日
   間支給にほぼ固定化した」(『世界大百科事典』「お救米」の項,
   https://japanknowledge.com/(검색일: 2024.06.23.)

위한 구휼책 중 하나로 막부나 영주에 의해서 제공되는 구휼미를 가리킨다. 다른 명칭으로는 고리키마이(合力米), 세코마이(施行米)라고도 불렸다. 근세 시대 중기 이후에는 재해 상황만이 아니라 일상적인 구호를 위하여 사회적 하층민에게 오스쿠이마이를 배부하는 경우도 있었다.

『부코넨표』1858년 8월의 기사에는 콜레라로 인한 피해자를 위해 막부가 어떠한 대책을 내놓았는지를 알 수 있는 다음과 같은 기사가 있다.

> 9월부터 조카이쇼(町会所)에서 시중(市中)에서 날품팔이를 하는 천민(賎民)에게 백미를 배포한다. 쌀 가격이 오르고 있고 역병이 유행하고 있기 때문이다.[30]

이를 통해 막부는 콜레라로 인해 생계가 어려워진 천민 계층을 위해 구휼미를 배포했음을 알 수 있다. 에도마치부레에 의해 작성된「御救人別書上」에 따르면 15~60세 남성에게는 백미 5되, 15세 미만 남성과 60세 이상 남성 그리고 전 연령대 여성에게는 백미 3되를 지급하였다고 한다. 구체적인 오스쿠이마이 수혜 인원수와 지급된 쌀의 양을 정리하면 다음 <표2>와 같다.[31]

---

30 九月より、町会所において、市中其の日暮しの賎民へ白米を頒ち与へらる。米価登揚并びに時疫行はれたるが故也。(전게서,『増訂武江年表』, p.293.)

31 高橋敏(2020), 전게서, p.213.

〈표2〉 1858년 11월 17일 오스쿠마이 지급 현황

대상자	인원수	지급된 쌀의 양
15~60세 남성	133,258명	백미 5되 씩 총 6,662섬 9두
15세 미만 남성과 60세 이상 남성 전 연령대 여성	234,345명	백미 3되 씩 총 7,030섬 3두 5되
	총 367,603명	백미 13,693섬 2두 5되

또한 『고로리류코키』에도 오스쿠이마이 배급에 대해 구체적으로 기술하고 있다. 그 도입부는 다음과 같은 문장으로 시작한다.

에도 전역의 마을의 수가 3818정(丁)이고, 각 30정을 1리(里)로 하면 168리13정이 된다. 이번에 폭사병이 유행하여 사망한 사람이 많기 때문에 이들을 구하기 위하여 다음과 같이 조치한다.[32]

피해자를 구제하기 위한 오스쿠이마이는 자영업자, 맹인, 스님 등 직업군에 따라서, 그리고 남녀에 따라서 차등되었다. 원문에서 기술하고 있는 오스쿠이마이 배급량을 표로 정리하면 다음과 같다.

---

32 御府內四里四方、町かず三千八百十八丁、各三十丁壹里にして、百六十八里十三丁なり。此度、暴瀉病流行につき、死亡人多く、依之御救被置。

〈표3〉『고로리류코키』에 기록된 자영업자 성인 남성과 여성에게 배부한 오스쿠이마이

가게 종류	가게 수	자영업자 남성 인구 수 남성 1인당 배부한 쌀의 양 총 쌀의 양	자영업자 여성 인구 수 여성 1인당 배부한 쌀의 양 총 쌀의 양
오모테미세 (表店)	85万13軒	3,400,014명 5합(合) 씩	1,700,028명 3합 씩
		10,070석(石)7승(升)	5,100석8승4합
우라미세 (裏店)	92万5200軒	1,111,120명 5합 씩	851,208명 3합 씩
		5150석6두	2553석3두2승

〈표4〉『고로리류코키』에 기록된 특정 직업 별 인구 수와 배부한 오스쿠이마이

직업	인구 수	총 인구	총 쌀의 양
맹인(盲人)	9,113명		
스님(出家)	70,110명		
비구니 스님(尼僧)	3,990명	99,048명	4,905석2두4승5합
간누시(神主)	8,980명		
야마부시(山伏)	6,848명		

<표3>[33]의 '오모테미세(表店)'는 나가야(長屋)의 전면, 즉 사람들의 통행이 많은 곳에서 영업을 하는 가게를 의미하며, '우라미세(裏店)'

---

33 <표3>은 『安政箇労痢流行記』14丁表의 아래 본문을 바탕으로 정리한 것임.
○表店八十五万十三軒
男　三百四十万十四人
　　壱人五合ぶちとして、此米高壱万七十石七升。
女　百七十万二十八人
　　壱人三合ぶちとして、此米高五千百石八升四合。
○裏店九十二万五千二百二軒
男　百一万千百二十人
　　壱人五合ぶちとして、此米高五千百五十五石六斗
女　八十五万千二百八人
　　壱人三合ぶちとして、此米高二千五百五十三石三斗二升。

는 나가야의 후면, 즉 후미진 뒷골목에서 영업을 하는 가게를 칭하는 표현이다. 같은 자영업자라 하더라도 오모테미세와 우라미세를 운영하는 인구를 나누어 세고 있으나, 나누어준 오스쿠이마이의 양에는 차이가 없다. 단, 성인 남성은 5합(750g, 1합=약 150g), 여성은 3합(450g)으로 차등을 줬음을 알 수 있다. <표4>[34]는 맹인, 스님, 비구니 스님, 간누시(神主), 야마부시(山伏, 수도자)의 인구로 이들에게 배부한 오스쿠이마이의 총 양은 4,905석 2두 4승 5합으로 이를 인구 1인 배급량으로 환산을 하면 약 2.8kg이 된다.[35] 『고로리류코키』에는 상기 표 작성에 활용한 본문에 이어서 다음과 같은 예문을 확인할 수 있다.

총 9,9048명. 쌀의 양은 4,095석(石) 2두(斗) 4승(升) 5합(合). 에도 내 모든 마을 사람 수를 합하면 총 7,101,318명이다.

○<u>구휼미는 길가의 전면과 후면에서 가게를 운영하는 자영업자는 물론이거니와 빈민에게도 배급하였다.</u>

○단 의사와 소작농, 3세 이하에게는 배급하지 않음. 사망자도 물

---

34 <표4>는 『安政箇労痢流行記』14丁表의 아래 본문을 바탕으로 정리한 것임.
   ○盲人 九千百十三人
   ○出家 七万百十人
   ○尼僧 三千九百九十人
   ○神主 八千九百八十人
   ○山伏 六千八百四十八人

35 쌀의 양을 세는 단위 1석(石)=1000합=150,000g, 1두=100합=15000g, 1승=10합=1500g이다. 4905석=285,750,000g, 2두=30,000g, 4승=6,000g, 5합=750g으로 총 양은 285,786,750g이다. 이를 <표4>의 총 인구수 99,048명으로 나누면 1인단 배부받은 오스쿠이마이의 양은 2,885g(약 2.8kg)이 된다.

론 이와 동일함.

○빈민 남성 316,020명, 쌀의 양 15,801석(石).

○상동(빈민: 논자 주) 여성 27,056명, 쌀의 양 8,116석8두.

오스쿠이마이 총 6만 가마니를 배부함. 빈민 남녀에게 오스쿠이마이를 총 23,917석 8두를 교부함. 이는 총 금액 금 6만량(両)임[36]

상기 인용문의 밑줄 친 부분 빈민에게 나누어준 오스쿠이마이에 관한 기술이다. 빈민 남성 316,020명에게 15,801석을, 여성 207,056명에게 8,106석 8두의 구휼미를 배부했다. 1인당 배부된 오스쿠이마이를 계산하면 빈민 남성에게는 6.8kg, 빈민 여성에게는 2.2kg씩 배부되었음을 알 수 있다.[37]

이상의『고로리류코키』의 오스쿠이마이 배부에 관한 기록 분석을 통하여 에도 막부는 가게를 운영하는 자영업자보다는 맹인, 스님, 수행자 등에게, 그리고 그들보다 힘겨운 사는 빈민들에게 더 많은 양의 오스쿠이마이를 배부했음을 알 수 있다.

36 〆九万九千四十八人。此米高四百九十五石二斗四升五合。御府内町方惣人数合て、〆七百十万千三百十八人也。
  ○今般御救の儀は、表裏に不限、貧民へのみ被下置る〻。
  ○但し、長袖(医者：筆者中)・地借(借地人：筆者註)・三才以下には不被下。死亡者は勿論也。
  ○貧民、男三十一万六千廿人　此米高壱万五千八百壱石。
  ○同、女子廿万七千五十六人　此米高八千百十六石八斗。
  右は御救米六万俵高、御割付を以被下置る〻なり。貧民男女御救米、合て惣〆二万三千九百十七石八斗、為四斗相場、此代、〆金六万両也。
37 빈민 남성 총 인구 수는 346,020명이고 그들에게 배부된 구휼미 15,801석 =2,370,150,000g로 1인당 배부된 쌀의 양은 약 6,849g(6.8kg)이다. 빈민 여성 총 인구 수는 207,056명이고 그들에게 배부된 구휼미는 3,106석 =465,900,000g+8두=120,000g로 1인당 배부된 쌀의 양은 2,255g(2.2kg)이다.

5. 맺음말

이상 근세 시대 일본에서 유행한 콜레라의 피해 상황과 불가항
력적인 상황 속에서 피해를 입은 최하층민을 위해 막부가 실시한
구제책에 대해서 살펴보았다. 일본 역사에서 콜레라가 처음으로
유행한 것은 1822년으로, 1차 유행은 에도에까지 전파되지 않았
다. 하지만 1858년에 나가사키에서 발생한 2차 유행은 순식간에
에도까지 확산되었으며, 그로 인해 많은 사람들이 피해를 입었다.
1858년의 콜레라 유행 상황은 르포르타주 기록물인『고로리류코
키』의 본문과 삽화에 생생히 기록되어 있다. 1만 명이 넘는 사람들
이 희생되었으며, 막부는 생존한 많은 최하층민을 구제하기 위한
방책을 내놓았다. 이는 구휼미, 즉 '오스쿠이마이'를 배부하는 것
으로 최하위 계층이 빈민에게 가장 많은 양의 쌀을 나누어줬음을
확인할 수 있었다.

메이지유신 이후인 1877년에 콜레라는 다시 유행하게 되고 이
로 인해 많은 민중이 사망하게 된다. 근대 이후의 콜레라는 서양의
근대 의학이 일본으로 유입이 되고, '위생'의 개념의 도입과 함께
국가가 전염병의 확산을 통제하게 된다. 전근대 일본과 메이지유
신 이후의 일본이 콜레라라는 전염병을 바라보는 관점의 차이, 막
부와 정부의 피차별민을 위한 구제책 비교는 별도의 논고에서 고
찰하고자 한다.

| 참고문헌 |

김미진(2022)「일본 근세시대 재해문예와 재해 피해자-『무사시아부미(むさし あぶみ)』를 중심으로-」『일본어문학』제97집, 일본어문학회, pp.245-264.(DOI:http://dx.doi.org/10.21792/trijpn.2022..97.012)

김영수(2023)「메이지 일본의 콜레라 유행 통제와 피병원(避病院)의 제도화」 『梨花史學硏究』66, 이화여자대학교 이화사학연구소, pp.49-80. (DOI:http://dx.doi.org/10.37091/ewhist.2023..66.002)

김영희(2016)「근대전환기 일본 국민의 '위생' 인식-메이지건백서를 중심으로-」『日本學報』107, 한국일본학회, pp.237-263.

김학순(2021)「전염병과 요괴: 역병 예언과 퇴치 기원의 요괴」『일본연구』35, 고려대학교 글로벌일본연구원, pp.63-86.

박병도(2020)「근세 말 일본의 재해와 회화:<재해 니시키에(災害錦繪)> 범주의 가능성-호소에, 나마즈에, 코레라에, 하시카에의 상호비교를 통하여-」 『역사민속학』58, 한국역사민속학회, pp.165-197. (DOI:http://dx.doi.org/10.22792/jkhf.2020..58.006)

신규환(2018)「1870-80년대 일본의 콜레라 유행과 근대적 방역체계의 형성」 『史林』64, 수선사학회, pp.253-278. (DOI:http://dx.doi.org/10.20457/SHA.64.9)

편용우(2021)「일본 고전 속의 전염병과 가짜소문」『인문과학연구논총』42-3, 명지대학교 인문과학연구소, pp.42-62. (DOI:http://dx.doi.org/10.22947/ihmju.2021.42.3.002)

朝倉無声増訂(1941)『増訂武江年表』, 国書刊行会, p.291.

高橋敏(2020)『江戸のコレラ騒動』, 角川書店, pp.208-209.

『순조실록(純祖實錄)』, 한국고전종합BD, https://db.itkc.or.kr/dir/item?itemId=JT#dir/node?grpId=&itemId=JT &gubun=book&depth=1&cate1=&cate2=&dataGubun=%EC%84%9 C%EC%A7%80&dataId=ITKC_JT_W0(검색일: 2024.06.20.)

『酷烈辣考』, 京都大学貴重資料デジタルアーカイブ(請求記号：레코드ID: RB00002594), https://rmda.kulib.kyoto-u.ac.jp/item/rb00002594#?c=0&m=0&s=0

&cv=0&r=0&xywh=-4493%2C-241%2C15464%2C4800(검색일: 2024.06.01.)

『安政箇労痢流行記』早稲田大学図書館所蔵本(請求記号：文庫08 C0383), https://archive.wul.waseda. c.jp/kosho/bunko08/bunko08_c0383/(검색일: 2024.06.01.)

『むさしあぶみ』早稲田大学図書館所蔵本(請求記号:ヲ01 03753), https://www.wul.waseda.ac.jp/kotenseki/html/wo01/wo01_03753/index.html(검색일: 2024.06.01.)

『荒歳流民救恤図』日本国立国会図書館デジタルコレクション(請求記号：特1-3105), https://dl.ndl.go.jp/pid/2543013(검색일: 2024.06.01.)

『世界大百科事典』「お救米」の項, https://japanknowledge.com/(검색일: 2024.06.23.)

제4장

오키나와 서벌턴의 기억계승과 당사자성

전쟁의 기억과 망각 사이

김 경 희

1. 머리말

제 2차세계대전이 끝나갈 무렵 일본군은 본토 방어를 위한 마지막 거점인 오키나와에서 연합군을 상대로 오키나와전(沖繩戰)[1]을 감

---

[1] 오키나와 전투는 제2차세계대전 말기에 오키나와 주민을 동원하여 연합군을 상대로 벌인 지상전이다. 본토 방어를 위해 오키나와를 마지막 거점으로 정한 일본군은 1944년 3월 남서 제도에 오키나와 방어를 위한 제32군을 창설했다. 1945년 3월 26일 미군의 게라마 제도(慶良間諸島) 상륙이 시작되면서, 오키나와 본섬에서 전투가 벌어졌다. 약 3~5개월에 걸친 오키나와 전투는 6월 23일 새벽 제32군 우시지마 미쓰루(牛島滿) 사령관과 참모총장이 자결함으로써 조직적인 전투는 종결된 것으로 알려졌다. 그러나, 그 후에도 오키나와 본섬과 각 섬에서 국지적으로 전투가 벌어져 남서 제도 수비군 대표가 항복 문서에 서명한 것은 9월 7일이었다(일본 내각부 홈페이지 '오키나와 전투 개요' 참조).

행했다. 오키나와 전투는 무엇보다도 군민잡거(軍民雜居)²의 형태로
서 일본군의 전쟁에 오키나와 주민이 동원되었기에 일본군뿐만 아
니라 주민들의 피해가 더욱 컸다. 패색이 짙어진 일본은 미군이 점
령하기 직전 주민들에게 '옥쇄(玉碎)'³를 강요했으며, 오키나와 전투
에서 지역 주민 전체 4분의 1에 해당하는 10만 명 이상이 목숨을 잃
었다. 전쟁이 끝난 이후 오키나와는 미군정의 통치하에 들어갔고,
다시 일본령으로 '복귀'가 이루어진 이후로는 일본 내 미군기지의
위험을 떠안고 있는 상황이 계속되고 있다. 집단자결(강제집단사) 등
의 결코 잊을 수 없는 참혹한 기억의 오키나와 전투로부터 올해로
79년이란 시간이 흘렀다. 이제는 전쟁을 체험한 이들이나 전쟁을
기억하는 사람들이 크게 줄어드는 상황에서 신문 매스컴에서도 우
려하는 목소리가 적지 않다.

오키나와현의 사회-경제 동향을 조사하는 싱크탱크인 남서지

---

https://www8.cao.go.jp/okinawa/okinawasen/gaiyou/gaiyou.html(검색일: 2024.
06.20.)

2 일본군의 이동은 야간을 통해 이루어졌으며, 마을의 학교나 공민관 등 주요 기
관과 주민들의 집 등이 병사들의 숙소로 사용되고 젊은 청소년들은 의용군으로
소집되었다. 연합군의 공격에 군인과 주민이 함께 대피하면서 일본군의 기밀
이 누설되지 않도록 주민들에게도 자결을 강요하였다(총무성 홈페이지 '오키
나와 전투 개황' 참조).
https://www.soumu.go.jp/main_sosiki/daijinkanbou/sensai/situation/state/o
kinawa_17.html (검색일: 2024.06.20.)

3 옥처럼 부서지는 깨끗한 죽음을 뜻하나, 모든 군인이 죽을 때까지 싸우는 것을
의미한다. 1943년 5월 알류샨 열도 아츠섬의 일본군 수비대 '전멸'이 그 시작이
라고 한다. 이를 계기로 '옥쇄'는 각지에서 빈번하게 발생했고, 결국 '1억 옥쇄'
로 국민들에게도 '죽음'의 각오를 요구하기 시작했으며, 희생자는 최종적으로
310만 명에 달했다. NHK스페셜(2010.08.10.) '옥쇄, 감춰진 진실(玉碎 隱された
た真実)' https://www.nhk.or.jp/special/backnumber/20100812.html(검색일:
2024.06.22.)

역산업활성화센터(NIAC)는 2020년에 약 15만 9천 명이었던 전쟁
이전 세대가 27년에는 10만 명 이하로, 31년에는 약 6만 5천 명까
지 감소할 것으로 예측하며, 오키나와 전체 인구에서 전쟁을 경험
한 세대의 비중이 22년에 10%를 밑돌고, 30년에는 5% 이하로 떨
어진다고 전망했다. 그간 오키나와 전투의 경험을 이야기할 수 있
는 세대의 감소로 기억의 계승이 어려워질 것이라는 지적이 있었
지만, 이러한 조사 결과로 오키나와인들이 직면한 과제는 더욱 명
확해진 셈이다.[4]

　일본 전역에서 전쟁에 대한 비참함을 전하고 기억을 풍화시키지
않으려는 노력으로 '평화교육'이 실시되는 가운데, 본토에서도 비
슷한 문제를 드러내고 있다. 마이니치신문(毎日新聞)이 전국 47개 도
도부현(都道府県)의 130개 초등학교를 대상으로 설문조사를 실시한
결과, 담당 교사의 약 70%가 전쟁 체험자의 강연을 듣거나 지역의
전적지를 둘러보는 '평화학습'에 대해 '어려움을 느낀다'고 답했
다. 전쟁 경험자의 고령화로 증언자의 목소리를 들을 기회가 없어
지고 있으며, 그렇다고 해서 교사 스스로 학습을 전개하기에는 전
쟁에 대한 지식이 부족해 어려움을 겪고 있다는 목소리가 나오고
있다.[5]

4　稲福政俊(2022.06.28.)「戦前・戦中世代　減少進む　22年・人口比10％切る→30
年・5％切る　NIAC推計(南西地域産業活性化センター(NIAC))　沖縄戦継承に影
響」琉球新報, https://ryukyushimpo.jp/news/entry-1540895.html (검색일: 2024.
06.30.)

5　2023년 7월 일본신문협회가 교육 현장에서 신문을 활용하는 'NIE(교육에 신
문을)' 실천학교로 2023년도에 지정한 전국 130개 초등학교를 대상으로 설문
조사가 이루어졌다. 각 학교의 평화학습을 담당하는 교사 111명의 응답에 따르

　오키나와에서는 전쟁의 참혹함과 평화의 중요성을 후세에 전하기 위해 오키나와 내의 초중고교에서 평화학습이 진행되고 있으며, 전쟁을 경험한 세대가 '가타리베(語り部)'[6]로서 중요한 역할을 해왔다. 그러나 전쟁 경험자의 고령화에 따라 강연하는 것이 어려워지자 전쟁을 겪은 당사자가 아닌 사람이 참여하게 되면서 내용도 변화하고 있다. 기억을 계승하려는 노력으로 체험자의 증언을 수록한 현사(県史)나 시정촌사(市町村史)를 활용한 평화학습이 시작되면서, 전쟁을 경험하지 못한 세대의 가타리베가 등장하고 있는 것이다. 최근에는 'Z세대'[7]라 불리는 젊은이들을 중심으로 전쟁과 평화를 생각하는 계기를 만들기 위해 전쟁을 경험하지 않은 세대들에 의한 새로운 계승의 형태가 보고되고 있다.[8] 전쟁 경험자들의 시간

　면, 평화학습이 어려운 이유로 '자신이 전쟁 체험자가 아니기 때문에 아이들의 질문에 대답하기 어렵다'(32명), '지역의 전쟁과 원폭에 대한 지식이 부족하다'(31명)는 답변이 많았다. 자유 기술에서는 '체험자의 생생한 목소리를 듣지 않으면 전쟁 당시 사람들의 생각과 바람에 대해 학습을 심화하기 어렵다', '아이들이 자신의 일로 받아들이는 학습이 어렵다'는 등의 의견이 있었다. 竹林静田崎春菜(2023.08.15.)「平和学習「困難」7割 "生の声" 機会減る 全国130小学校調査」, 毎日新聞, https://mainichi.jp/articles/20230815/k00/00m/040/157000c(검색일: 2024.06.30.)

6　고대 문자가 없던 시대에 구전으로 전해 내려오는 신화, 역사, 전승 등을 구전으로 전승하는 일을 직업으로 삼았던 사람들을 가리킨다. 특히, 오키나와 전쟁을 경험한 자들이 전쟁의 이야기를 전하고 기록하는 활동에 참여했다. 현재는 전쟁 경험자의 고령화로 인해 오키나와 전쟁의 실상과 교훈을 계승하는 것이 과제로 떠오르고 있다.

7　'Z세대'는 여러 설이 있지만, 1990년대 중반부터 2010년대 초반에 태어난 세대를 일컫는다.

8　대학교 4학년 니와타 안주(庭田杏珠)씨는 어린 시절 자료관에서 본 비참한 광경에 충격을 받아 평화학습을 싫어했다. 하지만 초등학교 5학년 때 원폭 투하 전의 히로시마를 소개한 팜플렛을 보고 '싫다는 기분'에서 '전하고 싶다'는 생각으로 바뀐 것이 계기로 6년 전부터 원폭 투하 이전의 흑백 사진에 '색'을 불어넣는 활동을 해 오고 있다. '기억의 해동'으로 불리는 이 작업은 흑백 사진에 AI로

이 얼마 남지 않은 가운데 젊은 세대에게 전해주기 위한 새로운 전달 방식이 모색되고 있음을 보여준다.

전쟁 이후 긴 시간이 흐름에 따라 전쟁을 체험한 이들이나 전쟁을 기억하는 이들이 줄어만 가고, 전쟁을 경험하지 않은 이들을 중심으로 기억의 풍화가 일어나고 있다. 이를 대비하려는 다양한 노력이 시도되면서 전쟁 체험자의 목소리를 기록하고 보존하는 방법으로, 증언, 기록물, 영상물 영상작업, 그림 등이 남겨지면서 아카이브로 만들어진다. 또한, 지자체를 중심으로 전쟁 체험자의 이야기를 전달하기 위해 비체험자들에 의한 '계승자' '전승자' 육성 활동이 적극적으로 행해지고 있다.

기억을 계승하기 위한 다양한 활동들은 필요하지만, 기록물과 영상을 봤다고 해서 바로 그 기억이 계승되는 것은 아니다. 전술한 매스컴의 보도에서도 알 수 있듯이, 기억 계승의 일환으로 이루어지고 있는 평화학습에 대한 어려움이 지적되는 가운데, 기억 계승을 위한 활동들이 어떠한 의미를 가지는지에 대한 논의가 필요해 보인다. 니시오 오사무(西尾理)에 따르면, 전후 일본의 평화교육에서는 아시아 태평양 전쟁의 '피해'가 강조된 평화교육이 주류였다. 1980년대부터 중국과 동남아시아 등지에서 벌어진 일본군의 잔혹성과 강제연행, 종군위안부 등 일본군의 '가해'를 다루는 실천이

대략적인 색을 입힌 후, 당시의 자료와 소유자와의 대화를 바탕으로 수작업으로 보정해 나간다. 東海テレビ(2023.09.03.)「若い世代はどうすれば関心持つのか…『Z世代が考え、伝える戦争』終戦から78年 記憶のバトン受け継ぐには」, https://www.tokai-tv.com/tokainews/feature/article_20230903_29627(검색일: 2024.06.30.)

이루어지기 시작했다. 이후 전쟁에 '저항'한 사람들의 실천으로 발전하여 '피해', '가해', '저항'의 경험에 대한 평화교육 실천으로 확산되었다. 그러나 이러한 실천은 일본 군국주의(국가)의 책임을 묻는 것이 주된 목표였기 때문에 국가가 전쟁을 일으켰다는 일반적이고 추상적인 인식에 머물러 있다.[9] 이러한 지적에서 살펴보듯이, 과거의 기억은 어떻게 현재를 살아가는 사람들의 기억이 될 수 있는 것인가. 기억은 무엇과 결합하여 어떻게 재생산되는가. 전쟁 체험은 무엇이고, 체험의 계승은 어떻게 이루어지는가와 같이 전쟁의 기억과 기억 계승에 대한 논의가 필요하다.

이 글에서는 오키나와인들의 놓인 상황을 서벌턴 개념에서 접근하고자 한다. 일본의 내부에 있으면서도 외부자의 자리에 놓여 있는 오키나와 서벌턴이 지배 권력에 대항하는 저항적 주체로 나아가는 과정에서 그들의 또 다른 말하기인 어떻게 기억할 것인가에 대해 살펴본다. 오키나와 서벌턴이 문화적, 사회적, 정치적 권리의 주체로서 변화되어 가는 과정에서 자신들의 목소리를 발신하고 후대에 계승해 가고자 하는 양상에 주목한다. 지배적 기억 담론과 대항적 기억 담론의 충돌 가운데 실제로 그들이 무엇을 어떻게 기억하고 계승하려 하는지에 대한 기억 투쟁의 과정을 통해 스피박이 지적하는 '재현'의 문제를 검토하고, 당사자성 획득이 어떻게 가능한지를 모색해 본다.

---

9 西尾理(2018)「加害からの平和教育—ナショナリズムを超えて—」『都留文科大学研究紀要』第88集, 都留文科大学, p.75.

2. 오키나와 서벌턴은 말할 수 있는가?

먼저 간단히 서벌턴의 개념에 대해 언급해 둔다. 1988년 가야트리 차크라보르티 스피박(Gayatri Chakravorty Spivak)은 「서발턴은 말할 수 있는가?(Can the Subaltern Speak?)」라는 논문에서 서구 지식인들이 종속적인 주체를 재현하고 있으며 그들을 동질성을 지닌 타자로 대상화했다고 비판했다. 서벌턴(Subaltern)이라는 개념은 이탈리아의 마르크스주의 사상가 안토니오 그람시(Antonio Gramsci, 1891~937)가 지배계층의 헤게모니에 종속되어 권력을 갖지 못하는 하층계급(Subaltern)이라는 의미로 사용하면서 프롤레타리아를 대신하여 지칭했다. 스피박은 서벌턴의 개념을 통해 19세기 대영제국의 식민 역사와 인도의 지배계급인 토착주의자들의 가부장제 사이에서 자신의 목소리를 낼 수 없었던 이중적인 억압의 구조 속에 놓인 인도의 여성들에 주목하였다. 서벌턴은 계급, 민족 혹은 민중으로 대표되는 고정적이고 통합된 주체가 아닌, 비서구 사회의 종속적 위치에서 억압받는 개인이나 주변부 집단을 의미하는 개념으로 사용되고 있다. 스피박은 지식인들이 서벌턴을 재현하거나 묘사하는 대신, 서벌턴의 말하기에 귀를 기울이고 그들의 말하기를 배워야 한다고 역설한다. 그들의 말하기를 배우려면, 말하기의 지식체계를 가진 지식인이 자신의 특권을 버리고 서벌턴에게 다가가는 것이 요구된다.

또 하나 서벌턴 담론에서 중요시되는 것은 그녀의 논문 제목에서 짐작되듯이, 서벌턴이 과연 누구인가라는 규정의 문제와 함께

107

서벌턴이 자신의 처지에 대해 말할 수 없다는 것인지, 말할 수 있다는 것인지에 대한 논의이다.[10] 전자의 입장이라면 서벌턴을 자신의 처지에 대해 아무런 말을 할 수 없는 무력한 희생자로 타자화할 우려가 있고, 후자의 경우는 서벌턴을 권력에 저항하는 주체로 대상화할 수 있다. 그러나 그녀가 이야기하고자 했던 것은 서벌턴이 말할 수 없다고 단정하는 것이 아닌 서벌턴이 말할 수 없는 구조 속에 놓여 있고, 서벌턴의 목소리를 들으려 하지 않는다는 것이며, 그들에게 말할 권리를 주지 않음으로써 그들의 목소리는 닿지 않는다는 것을 말하려는 것이다. 그렇기 때문에 서벌턴은 어떤 구조 속에 놓인 대상을 규정하기보다는 그들이 어떠한 종속적이고 차별적인 구조 속에 있는가 하는 지점이 중시된다.

그런 점에서 서벌턴 연구는 목소리를 낼 수 없는 사람들에 관한 연구라기보다는 그들의 주체적인 목소리가 종속적인 위치에 놓임으로써 어떻게 서벌턴이 되었는가에 대한 마키 안나(牧杏奈)[11]의 지적이 주목된다. 이는 구조상의 종속적 위치를 확인함으로써 주체적인 행동과 주장을 하는 이들을 종속적인 위치로 만들어버리는 정치구조와 언설구조에 작동하는 권력의 문제를 규명하는 데에 의의를 지닌다. 사람들을 서벌턴으로 만드는 구조상의 문제에 주목하여 차별

---

10 스피박은 자신이 쓴 1988년의 첫 판본에서 '서벌턴은 말할 수 없다'고 한 것을 1999년의 수정본에서는 '서벌턴은 말할 수 없다!는 선언이 권장할 만한 주장이 아니었다'(가야트리 스피박, 태혜숙 외 옮김(2006) 위의 책, p.135.)고 고쳐 적었다. 이를 볼 때, 서벌턴은 말할 수 없다고 단정한 것이 아니라는 점을 알 수 있다.

11 牧杏奈(2021) 「「サバルタン」研究─概念的な特性と意義」『明治大学社会科学研究所紀要』第59巻第2号, 明治大学社会科学研究所, p.108.

과 배제의 시스템이 묵인되고 용인되는 현대 사회를 비판의 눈으로 성찰하는 시각이 필요하며, 주체적 존재로 형성해 가는 데에 어떠한 왜곡과 굴곡이 있는지를 추적하는 과정이 요구된다.

이러한 서벌턴 개념으로 오키나와의 상황에 접근해 보면, 오키나와는 그야말로 서벌턴적 상황에 놓여 있다. 이전 논고[12]에서 살펴본 바와 같이, 오키나와인들은 자신들의 주체적인 주장과 의사에도 불구하고 여전히 차별과 폭력의 굴레로부터 벗어나지 못하고 있다. 그것은 구조적 차별이자 일본 본토의 식민지적 상황이라고 할 수 있다. 현재 오키나와가 법적으로 식민지가 아니지만, 그들이 역사적으로 지금까지 희생과 차별의 시스템에 놓여 있는 상황이 일본 본토인들에게 당연시되고 있다면, 그것은 식민지에 다름 아니다. 일본 내 미군기지의 부담을 고스란히 떠안고 있으며, 미군기지의 후텐마(普天間) 비행장 이전 문제 등에서 그들의 의사는 전혀 반영되지 못한 채 평화를 위한 희생을 강요받고 있다. 노무라 고야(野村浩也)는 일본 본토가 일본 전체 인구의 약 1%에 지나지 않는 오키나와인에게 민주주의의 절차를 통해 합법적으로 미군 전용기지의 75%를 강제하고 있다고 지적하면서, 이것은 명백한 민주주의라는 이름과 법이라는 이름으로 행사되는 폭력이라고 주장한다. 즉, 현대의 식민지주의는 이러한 명목상의 비군사적 폭력에 의해 구성되고 있다.[13]

---

12 김경희(2023)「정치적 주체의 불/가능성―오키나와 서발턴의 '자기 결정권'―」『일어일문학연구』제126권, pp.377-398.
13 野村浩也(2019)『無意識の植民地主義―日本人の米軍基地と沖縄人』, 松籟社, pp. 264-266.

그렇다면, 오키나와 서벌턴의 말하기는 어떠한가? 지금까지 오키나와인들이 그러한 오키나와의 상황에 대해 말하지 못한 것이 아니다. 오키나와인들은 계속적으로 말하고 있었다. 2018년 세상을 떠난 오키나와 현 지사였던 오나가 다케시(翁長雄志)를 중심으로 미군 후텐마 비행장의 현내 이전을 반대하는 '올 오키나와(All Okinawa)' 운동이 반기지 운동으로서 등장하면서 기지문제 해결을 위한 '자기결정권(自己決定權)'을 요구해 왔다. '오키나와의 일은 오키나와가 결정한다'는 자기결정권은 오키나와인에게 오키나와와 관련한 일을 결정할 권리가 있다는 주장이다. 미일 지위협정의 개정과 후텐마 기지문제 등 미군기지를 둘러싼 문제 해결에 오키나와 사람들의 민의 반영을 요구하는 명확한 정치적 행동이다. 이러한 오키나와의 문제를 해결하기 위한 수단으로서 나고시(名護市) 시장 선거, 나고시 의원 선거, 현지사 선거, 중의원 선거 등에서 오키나와의 목소리를 대변할 대표자들을 선출해 온 것도 그들의 정치적 목소리였다. 그럼에도 불구하고, 일본 정부는 지속적으로 민심을 무시하며 오키나와의 목소리를 부정해 왔다.

그것은 오키나와의 목소리가 일본 본토에 전해지지 않아서라기보다는 일본인이 오키나와의 목소리를 들으려고 하지 않는 것이다. 오키나와인이 일본 본토를 향하여 소리 높여 외쳐도 일본의 평화를 위해 어쩔 수 없다는 식으로 그들은 목소리를 들으려 하지 않고 있다. 그렇기 때문에 오키나와인들의 목소리는 권력에 대항하여 진실을 말하고 폭력에 맞서서 소리쳐도 존재하지 않는 것이 되어 버린다. 오키나와 서벌턴은 말해도 들리지 않는 구조 속에 놓여 있다. 오키나와의 목소리에 일본의 본토가 응답하지 않는 것은 권력적 침묵을 행사하는 것이며, 그것은 현재의 상황을 유지해가는 방법이 된다. 즉, 미군기지를 오키나와인이라는 종속집단에게 계속해서 떠넘기는 방식으로 현상을 유지하고 있는 것이다. 오키나와인의 서벌턴화가 지속되고 있는 것은 식민지주의가 아직도 끝나지 않았음을 명백하게 말해주고 있다.

그러한 가운데, 오키나와 전투의 경험자들이 세상을 떠나고, 증언을 들을 수 있는 기회들이 사라지면서, 기억은 풍화되어 가고 있다. 이러한 상황에서 오키나와 서벌턴의 말하기는 어떻게 가능한 것인지 다음 장에서 전쟁과 기억에 대해 생각해 보고자 한다.

3. 전쟁과 기억, 그리고 망각

전쟁은 어떻게 기억되는 것인가. 누구의 입장에서 기억하는가에 따라 전쟁은 달리 기억될 수 있다. 그렇다면, 전쟁은 기억을 소환하는 장치들에 의해 기억되는 것인가, 아니면, 전쟁은 망각 되어 가는 것인가. 최근 일본에서 전쟁에 관한 연구들 가운데 주목되는 것은 전쟁을 연구하는 대상이 '기억'과 관련된다는 점이다. 그렇다는 것은 전쟁이 사실과 기록의 집합물인 것인지, 아니면 기억과 망각의 집합물인지를 묻게 되었다는 것을 의미한다. 어쩌면 기록의 문서 역시 기억의 흔적이며, 조작되거나 변조되기도 한다. 그리고 문서 사료에 기록되지 않은 수많은 기억이 존재한다.

이러한 관점에서 우에노 지즈코(上野千鶴子)는 '역사란 집합적 기억(集合的記憶, collective memory)의 다른 이름이다'[14]라고하며 기억이 역사를 구성한다고 보았다. 우에노는 전쟁과 기억에 관한 최근의 연구 동향에 대해 다음의 세 가지를 설명한다.[15] 첫째는 체험자의 고령화와 사망에 따라 전쟁을 직접 경험한 사람들의 증언 듣기가 불가능해지는 '포스트 체험의 시대'가 도래했다는 점이다. 전쟁을 체험한 세대의 증언을 들은 2세대에게는 다음 3세대에게 그 기억을 전승해야 하는 사명이 주어진다. 최근 전쟁 기억 연구가 활기를 띤 것은 증언자들이 크게 감소하는 것에 대한 위기감일 수도 있고, 증언을 들을 수 있었던 마지막 세대의 사명감과도 관련이 있다. 그렇다면 증언은 어떠한 의미를 갖는 것인가. 증언 또한 서사(내러티브)를 가진 이야기이며, 시간과 맥락에 따라 변용이 일어나기 마련이다. 증언이 갖는 내러티브 또한 기억의 공동체 속에 받아들여지기 위해서는 이야기의 공식화를 거치게 된다. 기념관, 기념비, 기념식과 같은 다양한 '기억 장치'를 통해 공식화된 기억이 어떻게 재생산되는지, 그것이 어떻게 변용되는지에 대한 시점이 전쟁 연구의 중요한 과제가 되고 있다. 공식적인 역사의 지배적인 이야기에 대항하는 소수자들에 의한 대항 내러티브가 생성된다. 집단적 기억과 개인적 기억 사이에도 간극이 있다. '기억'에는 '감정 기억'이 수반된다는 것, 증오나 원한과 같은 감정 또한 역사에 중요한 요인이라는 점

---

14 上野千鶴子(2020)「歷史·記憶·証言」『社会文学』 51, p.45.
15 上野千鶴子(2022)「ポスト体験時代の戦争研究の課題」『学術の動向』 27(12), pp. 36-40.

이 지적되었다.

두 번째는 기억을 억압하는 공동체적 제약이 해체되는 움직임이 나타난 점이다. 기억 중에서 가해의 기억이나 수치심의 기억, 트라우마의 기억은 오랫동안 봉인되어 당사자의 목소리로 나타나지 못했다. 특히 여성의 성폭력 피해는 그 대표적인 것 중의 하나였다. 수치심은 당사자의 몫이고, 기억을 말하는 순간 피해자는 공동체로부터 버림을 당한다. 그런데 최근 그러한 패러다임에 조금씩 변화가 오고 있다. 성폭력을 둘러싼 패러다임에 전환이 일어나면서 '여성의 수치심'으로 보는 것이 아닌 '남성의 죄'로서 물을 수 있게 되었다. 당사자의 고령화에 따른 긴박감과 사명감이 강조되는 가운데, 당사자의 이야기를 듣고자 하는 이들이 존재한다는 점이다.

세 번째로는 전후에 출생한 전쟁을 전혀 모르는 세대들이 전쟁체험자의 경험을 끌어내어 반복적으로 듣고, 재현하고, 새롭게 표현하는 사례가 증가하고 있다는 점이다.[16]

한편, 이러한 기억을 계승하는 행위는 망각을 부르고 오히려 기억의 단절을 가져올 수 있다는 후쿠마 요시아키(福間良明)의 시점은 기억의 계승을 논의하는 데에 커다란 시사점을 준다. 종래의 기억에 관한 연구 가운데는 '기억되는 것'과 '기억되지 못한 것'들로 구분되는 가운데 기억되지 못한 것들에 주목해 온 측면이 있다. 그에

---

16 예를 들어 1988년생 영상작가 오카와 시오리(大川史織)가 편저한 『왜 전쟁을 그리는가─전쟁을 모르는 표현자들의 역사 실천(なぜ戦争をえがくのか──戦争を知らない表現者たちの歴史実践)』(2021)은 10팀의 젊은 표현자들이 그림, 영상, 만화, 연극 등을 통해 전쟁에 대한 기억의 재생산을 시도하고 있다(上野千鶴子(2022), p.38.).

비해 후쿠마는 '기억되는 것'이 만들어지는 과정에서 망각되어 가는 것을 추적하고 있다. 그에게 기억을 '계승'한다는 것은 그 내부에 '망각'이라는 논리적 모순을 가진 행위인 셈이다.

그렇다면, 후쿠마가 이야기하는 기억 계승 속에 일어나는 망각은 어떠한 것인가 좀 더 살펴보자. 오늘날 오키나와의 대표적 전적지 가운데 하나로 알려진 '히메유리 탑(ひめゆりの塔)'(1946년 4월 건립)은 전후 초기부터 널리 알려지게 되었다. 본래 '히메유리 탑'은 전쟁에서 희생된 오키나와 현립 제1고등여학교(沖繩縣立第一高等女学校)와 오키나와 사범학교(沖繩師範学校) 여자부 학생들을 합사한 곳이다. 그에 비해, 오키나와 주민들과 미일 장병의 유골이 다수 안치된 '혼백의 탑(魂魄の塔)'(1946년 3월 건립)은 오키나와 전쟁의 '무명 전몰자의 무덤'임에도 불구하고 그다지 주목받지 못했다. '히메유리 탑'이 큰 인지도를 얻게 된 데에는 몇 가지 이유가 있다는 것이다.

이시노 게이치로(石野径一郎)의 소설 『히메유리 탑』(1950년)과 영화 『히메유리 탑』(1953년, 이마이 다다시(今井正) 감독)의 영향이 컸으며, 1950년대 초 『우루마신보(うるま新報)』나 『오키나와 타임즈(沖繩タイムス)』에도 '혼백의 탑' 이상으로 성황을 누리는 '히메유리 탑'이 종종 기사로 등장하곤 하였다. 거기에는 '본토=일본군(남자)'이 '오키나와 소녀'를 바라보는 시선이 그려진 동시에 오키나와가 그것을 내면화하고 있는 듯한 상황이 나타난다. 물론 거기에는 당시 오키나와의 본토 복귀에 대한 열망이 개입되어 있었다. '일본군을 간호하는 소녀들'의 비석이 오키나와 사회에서 주요 전적지로서 인기 관광지가 된 배경에는 '오키나와의 희생과 공헌'을 강조함으로써 복귀를 실현하

고자 하는 욕망이 있었다. 그러한 기념 공간은 전후의 역사 속에서 동시대 사회의 영향을 받으며 특정한 의미를 지닌 공간으로 변모하는 양상을 보이고 있다. 오늘날 대표적인 전적지로 많은 방문객을 부르고 있지만, 그곳을 기억한다는 것은 어쩌면 그 행위에 감춰진 망각을 재촉하는 행위가 될 수 있다.

4. 지배 기억과 대항 기억, 기억의 풍화

오키나와 서벌턴의 기억 계승을 통한 말하기를 둘러싼 문제들에 대해 살펴보자. 일본에는 과거의 전쟁을 전시하는 '평화박물관'이 다수 존재한다. 전 세계에 약 200여개의 평화박물관이 세워진 가운데 그중 삼 분의 일이 일본에 있다. 평화를 위한 박물관과 자료관이 일본에 많이 존재하는 이유로는 1980~90년대에 일어난 반핵 평화 운동의 영향으로 비핵도시 선언을 표명한 지자체를 중심으로 건립되기 시작한 배경을 찾아볼 수 있다.[17] 1955년에 개관한 히로시마 평화기념자료관(広島平和記念資料館)을 시작으로, 1996년 나가사키 국제문화회관(현 나가사키 원폭자료관의 전신)이 건립되었다. 그런데, 전쟁의 참상을 전시하고 평화를 촉구하는 박물관 중에는 가해자로서의 일본의 입장을 축소하고 희생자로서의 일본을 강조하는 대표적인 박물관들이 있다. 히로시마 평화기념자료관이나 나가사키의 원폭

---

17 山根和代(2018.08.09.)「平和ミュージアムと平和教育」月刊『住民と自治』, https://www.jichiken.jp/article/0088/(검색일:2024.06.20)

사망자 추도 평화기념관 등을 보면, 일본 도시들이 공습받은 모습, 피폭자들의 처참한 피해 상황, 전쟁의 빈곤 상태 등이 전시의 주요 골자를 이루고 있는 것에서 알 수 있다.

대표적인 전몰자 추도 공간의 하나인 오키나와현립 평화기념자료관(沖繩県平和祈念資料館)의 경우에도 전시 내용을 둘러싸고 많은 논쟁이 있었다. 실제로 평화기념자료관의 전시 내용이 여러 차례 변경되는 과정이 있었는데, 그것은 단순한 변경이 아니라 오키나와 전쟁의 기억을 어떻게 재현할 것인가를 둘러싼 정치 세력 간의 대립을 보여주는 것이었다.[18]

1975년 오키나와현립 평화기념자료관이 설립된 데에는 중앙 정부에 의해 오키나와 일본 복귀 관련 사업의 일환으로 기획된 배경이 있다. 오키나와의 일본 복귀 문제를 담당했던 야마나카 사다노리(山中貞則) 오키나와 개발청 장관은 복귀를 기념하는 3대 이벤트로서, 1975년 오키나와 국제해양박람회 개최에 참석하는 당시 황태자가 남부 전적지를 방문한다는 계획하에 추진한 것이다. 막상 개관되었을 당시 전시의 초점은 천황을 위해 싸우다 전사한 일본군을 추도하고 그들의 행위를 찬미하는 데 맞추어졌다. 전쟁의 피해자인 오키나와 주민들의 의사가 무시된 것에 대한 비판의 소리가 고조되자 전시의 방향성을 심의하는 오키나와 지식인과 전문가에 의한 운영협의회가 발족했고, 오키나와 주민의 관점이 반영된 자

---

18 오키나와 평화기념자료관 논란과 관련하여 다음의 문헌들을 참고하여 정리하였다. 개번 매코맥·노리마쯔 사또꼬, 정영신 옮김(2014)『저항하는 섬, 오끼나와』, 창비, pp. 84-94.;조성윤(2011)「전쟁의 기억과 재현」『현상과 인식』, 한국인문사회과학회, p.75-96.

료관이 1978년에 다시 개관하기에 이르렀다. 그러자 보수 세력은 이 자료관을 반일기념관이라고 공격했다. 1998년 오키나와 선거에서 현 지사가 진보인사인 오타 마사히데(大田昌秀)에서 보수파인 이나미네 게이이치(稲嶺惠一)로 바뀌자, 기념관 전시 내용을 보수적인 방향으로 변화시키려는 '전시개찬사건(展示改ざん事件)'[19]이 일어나 이를 둘러싸고 대립이 심화된 바 있다.

또한 평화기념자료관의 내용 확충과 태평양전쟁·오키나와 전쟁 종전 50주년 기념사업의 일환으로 1995년에 건립된 '평화의 초석(平和の礎)'[20]의 경우도 논쟁에서 자유롭지 않다. '평화의 초석'에는 "이름이 새겨지는 대상자가 오키나와 출신에서 어느새인가 15년 전쟁으로 확대되어 버린 것, 압도적 다수의 조선인 희생자가 빠진 점, 전쟁 책임자, 가해자, 일반주민, 피해자를 모두 동렬로 취급하는 것은 전쟁 책임의 소재를 모호하게 만들고 있다"라는 문제점이 거론되었다.[21] 더불어 대부분의 조선인 희생자 병사가 새겨지지 못한 가운데 조선인 위안부의 이름은 전혀 찾아볼 수 없다는 점 등이 지적되고 있다.[22] 국적과 신분을 불문하고, 오키나와 전쟁에서 생

---

19 전시된 모형 중에 일본군 병사 손에서 총을 없애거나 부상병에게 자살을 강요하는 위생병이 없어지고, '학살'을 '희생'이라는 용어로 바꿔 표기하게 하는 등 일본군 병사의 잔혹성이 너무 강조되지 않도록 하라는 방침이 있었다(개번 매코맥·노리마쯔 사또꼬(2014), pp.89-90).

20 오키나와의 역사와 풍토 속에서 자라난 '평화의 마음'을 보다 널리 전하기 위해 세계 평화를 기원하며 국적과 신분을 불문하고, 오키나와 전쟁에서 생명을 잃은 모든 사람의 이름을 새긴 기념비 <평화의 초석>을 태평양 전쟁, 오키나와 전쟁 종결 50주년을 기념해 건설한다.('평화의 초석' 건설 취지·기본 이념. 홈페이지, https://www.pref.okinawa.lg.jp/heiwakichi/jinken/1008269/1008287/1008288/1008289.html(검색일:2024.06.30.))

21 新崎盛暉(1995)「「平和の礎」問題を考える」『けーし風』第6号, pp.46-47.

명을 잃은 모든 사람의 이름을 새긴 기념비라는 점에서 그 건립 의
의가 크게 평가받으면서도 가해자와 피해자를 함께 새김으로써 전
쟁의 가해 책임을 모호하게 한다는 점과 희생된 영령들을 위로하
는 오키나와 현민들의 통절한 마음과는 동떨어진 부분이라는 점
등이 지적되고 있다.

　이렇듯 일본 정부와 주요 기관에 의해 주도되는 지배 기억은 공
적인 역사 교육과 박물관, 기념비 등을 통해 공고히 되어가는 뚜렷
한 움직임을 보여준다. 그것과 동시에 한편으로, 국가에 의해 강조
되는 지배 기억에 대해 저항하거나 수정 보완하려는 대항 기억을
기반으로 하는 활동들이 오키나와 주민들에 의한 평화운동으로 전
개되면서, 전적기지 평화가이드 활동, 오키나와 전쟁 체험기록 운
동 등으로 이어졌다. 일본에는 여전히 전쟁에 대한 책임과 함께 일
본 정부와 주류 사회가 오키나와 전쟁을 어떻게 기억하고 기념할
것인가에 대한 갈등이 끊이지 않고 있다.

　과거의 역사를 현재에 기억하고 전달하는 행위를 통해 과거는
그냥 과거가 아닌 현재성을 갖게 된다. 전쟁 경험의 당사자들이 자
신의 체험을 말하기를 통해 전달하는 '가타리베' 활동을 비롯하여
오키나와 관련 영상물과 자료관 등의 다양한 미디어가 전달하는
오키나와의 목소리가 있는 가운데 이제는 전쟁에 대한 기억의 풍
화와 망각이 일어나는 상황이다.[23] 가타리베의 고령화에 따른 비당

사자의 기억 계승은 어떻게 가능한 것인가, 과거의 피해를 현재에 말한다는 것이 어떠한 의미를 지니는 것인가, 전쟁의 기억을 말한다고 할 때 누구의 기억을 어떻게 말할 것인가, 그것은 당사자에게만 허용된 일인가? 고통의 유산이 어떻게 기억되고 기록되는지와 관련하여 오키나와 전쟁 체험의 기억을 계승하는 움직임에 주목할 필요가 있다.

5. '당사자가 된다'는 것, 당사자성의 획득

인간의 기억이 풍화된다는 것은 어떤 의미를 지니는가. 전쟁을 경험하지 못한 세대에게 전쟁의 경험을 계승한다는 것은 어떤 의미인가. 전쟁 경험이 없는 자가 과거의 전쟁을 전할 때 그 기억 속 전쟁은 어떻게 재구성되는가. 경험이 전승되었다고 판단되는 조건은 무엇인지에 대해 생각해 본다.

전술한 바와 같이, 서벌턴 연구에서 타자의 재현은 중요한 문제이다. 특히 지식인이 서벌턴을 재현하는 방식에서 권리를 박탈당한 사람들에게 행위 능력을 부여해 주체성을 복원한다는 그들의 주장은 문제시된다. 그것은 서벌턴을 단일한 행동 주체로 구축하

---

23 오키나와현 통계의 따르면, 2022년 1월 오키나와 인구는 1,467,606명이며, 오키나와 전쟁을 기억하고 전할 수 있는 85세 이상 인구는 40,316명, 90세 이상 18,247명, 100세 이상 1,152명으로 나와 있다. 최근에는 고령화 등으로 전쟁 체험자가 전적지 가이드로 활동하거나 전쟁기념관 등에서 전쟁 체험을 직접 얘기하는 사례를 찾아보기 어렵다.

는 행동이자 서벌턴에 대한 지식인들의 복화술과 같은 상투적 수
단으로 비판받았다. 이러한 점은 지식인뿐만 아니라 당사자가 아
닌 비당사자로서 대상을 타자화하고 설명하는 데에 있어서도 논의
가 필요한 부분이다. 오키나와 전투를 경험하지 못한 세대가 그 전
투에 대해 이야기하고, 오키나와인이 아니면서 오키나와 전쟁 경
험이 없는 연구자가 오키나와 연구를 하는 데에 있어서 이 같은 당
사자성은 필연적인 물음이다.

　그렇다면, 오키나와의 차별, 전쟁의 문제를 이야기할 때 당사자
는 누구인가. 전쟁을 체험한 사람만이 당사자인가. 차별을 받는 오
키나와인만을 의미하는 것인가. 누가 당사자인가를 묻는 당사자를
둘러싼 담론에서는 당사자 운동가인 나카니시 쇼지(中西正司)와 우에
노 지즈코의 당사자 연구[24]가 주목을 받았다. 나카니시와 우에노가
이야기하는 당사자는 어떠한 문제나 사건에 관계된 사람만을 의미
하지 않는다. 그 문제를 둘러싼 서로 다른 입장에 선 이들이라 할지
라도 그 일에 있어서 결핍과 부족을 느끼면서 문제 제기를 가지고
그 상황을 개선해 갈 필요를 자각하고 있다면 당사자가 된다고 할
수 있다. 그 대부분은 여성, 아이들, 고령자, 장애인, 환자 등 사회에
서 자원배분의 불이익을 받는 '사회적 약자'이다. 그러므로, 당사
자가 되는 계기는 불가결하며, 그런 점에서 당사자는 '태어나는
것'이 아니라 '되어 가는 것'으로 정의한다. 즉, 당사자란 채워져야

24　나카니시와 우에노는 2003년『当事者主権』을 공저로 펴내면서, '당사자학(当
　　事者学)'을 제창하였으나 용어적으로는 내용에서 다루고 있는 '당사자 연구'로
　　정착되었다. 中西正司・上野千鶴子(2003)『当事者主権』, 岩波親書, pp.2-6.

할 필요를 자각하고 있으면서, 그것에 대한 사회적 자원배분의 불평등으로 인해 불이익을 받는 사람들인 사회적 약자로서 그것은 사회적으로 만들어진다는 의미이다.

나카니시와 우에노의 주장은 일방적으로 형성되는 당사자와 비당사자(전문가, 연구자)의 관계에서 당사자의 체험을 들은 비당사자가 그들의 경험에 해석을 부여하는 식의 '전문가주의'를 비판하는 한편, 전문가의 대변을 거치지 않고 당사자가 스스로의 권익을 지켜낸다는 당사자들만의 문제로 바라보는 '당사자주의'에 함몰되지 않음을 시사함으로써 그 이후로 당사자 연구[25]의 붐을 이끈 측면이 있다.

그러나 '당사자가 된다'는 말은 자칫 확대 해석하기 쉬운 의미로 들려서 누구나가 당사자와 같은 의식을 지니면 당사자가 될 수 있다는 식의 '당사자 인플레이'를 가져올 우려가 있다. 그렇다면, 오키나와와 본토와의 관계에서, 전쟁을 경험한 자와 전쟁을 경험하지 못한 세대와의 관계에서 오키나와를 둘러싼 문제들의 당사자는 누구인가. '오키나와인이 된다'는 것은 어떻게 가능한 것일까. 역사적 시간과 사회적 상황을 인지하고 자신과 오키나와의 관계를 찾아가려는 시도 속에서 그 사건의 내부에 자신을 두고 상대와의 관

---

25 당사자 연구는 어떠한 어려움을 가진 본인(당사자)이 그 곤란한 상황이 일어나는 메커니즘과 그 상황을 해결해 가기 위해 그 방법을 전문가나 자원봉사자들에게 맡기는 것이 아닌, 비슷한 어려움을 겪고 있는 사람들과 함께 그러한 상황을 이해하고 연구해 가는 후속 연구를 이끌었다. 熊谷晋一郎(2012)「'なぜ'当事者」か、なぜ「研究」か」『日本オーラル・ヒストリー研究』第8号, pp.93-100.; (2019)「当事者研究とは何か?」『情報処理』60-10, 東京大学先端科学技術研究センター, p. 955.

계가 만들어지는 지점에 당사자성이 요구된다고 할 수 있다.

　오키나와 전투를 체험하고 기억하는 이들이 사라져 간다는 것은 오키나와 전후 세대에게 역사 인식의 부재를 불러올 수 있다는 위기의식을 말해준다. 오키나와 근현대사 연구자였던 야카비 오사무(屋嘉比收)[26]는 전후 세대가 당사자인 전쟁 체험자들과의 협동을 통해 '비체험자'의 위치를 자각하면서 오키나와 전쟁의 '당사자성'을 획득해 가는 방법을 제시한 바 있다. 그것은 전후 세대가 전쟁 체험자를 대신하여 전쟁의 비극을 자기 것으로 인식하거나 전쟁의 참상을 그대로 재현할 수 있을 정도의 지식을 가진 것을 의미하는 것이 아니다. 전후 세대가 전쟁의 체험자가 될 수는 없지만, 체험자와의 협동 작업을 축적해 감으로써 '당사자성'을 획득할 수 있다.[27] 거기에는 오키나와 전쟁의 체험을 '분유(分有)'하는 과정이 중요시된다. '분유'한다는 것은 나누어진 것을 타자로서 조각 조각 소유하는 것이 아니다. 그렇다고 해서 같은 무엇인가를 함께 공유하는 것도 아니다. 분할과 동시에 함께 가지는 것이며, 타자로서 나누어 가지는 것을 의미한다. 즉, 오키나와 전쟁의 체험을 공유하고 서로 나누는 과정이 요구되며, 화자와 청자가 만들어내는 관계성이 중시된다.

　이러한 야카비의 당사자성 획득에 관하여, 요시미 순야(吉見俊哉)는 다음과 같이 이야기한다.

26　1957년 오키나와 출생. 일본의 역사학자로 2010년에 세상을 떠났다.
27　屋嘉比收(2009)『沖縄戦、米軍占領史を学びなおす』, 世織書房, p.36.

　"'당사자성의 획득'은 자아라는 정체성 안으로의 자기 편입이 불가능한 타자의 비(비존재)=경험을 소환하여, 타자가 겪은 위기를 나의 위기로 받아들여 자신의 정체성에 균열을 내는 계기로 사고할 때 비로소 가능하다고 생각할 수 있다. 그리고 이 '나 자신'에 균열을 내는 타자의 출현을 무엇보다도 먼저 '목소리'로 들려주려고 하는 데에 야가비 사상의 핵심이 있다. '집단 자결'의 당사자성이라는 문제를 인식론적 지평에서 존재론적 지평으로 이행시키면서, 비존재라고 여겨져 온 것의 위치 없는 위치에서 당사자성을 '일으킬지도 모르는' 불가지적 가능성 속에서 사고하는 그런 식의 회로가 있다는 것이다."[28]

　야카비의 당사자성은 전쟁 경험자의 피나 언어의 동일성을 바탕으로 하는 것이 아니다. 전쟁을 모르는 자가 전쟁의 체험자가 될 수는 없다. 하지만, 그 타인의 경험을 소환하여 나 자신의 정체성에 균열을 일으킬 수 있는 존재론적 지평으로 전환해 가려는 의지가 있을 때 당사자성을 얻을 수 있다. 그렇다면, 나 자신의 정체성에 균열을 일으킨다는 것은 무엇을 의미하며 그것은 어떻게 가능한 것일까.

　여기에는 주디스 버틀러(Judith Butler)의 다음 글이 시사하는 바가 있다.

　"자기-동일성, 더 특수하게는 완벽한 일관성에 대한 요구를 중지

28　吉見俊哉(2023)「沖縄を学びなおす―デジタルアーカイブに何ができるか」『デジタルアーカイブ学会誌』7巻2号, p.51.

시키는 일은 내게는 어떤 윤리적 폭력, 즉 우리가 항상 자기-동일성
을 표명하고 유지해야만하며 타자들 역시 그래야 한다고 요구하는 폭
력에 맞서는 일인 것 같다. (중략) 따라서 우리는 우리 자신이 아닌 어
떤 것에 의해 자신으로부터 벗어나 방향을 상실하고, 탈중심화를 겪
으며, 자기-동일성을 획득하는데 '실패하는' 조건에서만 서로 인정
할 수 있다는 결론이 나온다."[29]

버틀러는 자기 동일성이나 자신의 정체성에 대해 일관성을 요구
하는 일반화된 규범이 오히려 윤리적 폭력에 빠지기 쉽다고 지적
한다. 그렇다면, 규범 안에 있는 우리에게 규범에 저항하는 일은 가
능한 것인가? 그 일은 우선 자신에 대한 불투명성을 인지하는 것에
서 시작될 수 있다. 자신이 내면화하고 있는 자신에 대한 이질성과
타자성을 인지하는 일이다. 그러한 불투명한 자신-자신으로부터
벗어나 방향성을 상실하고 탈중심화를 겪으며, 자기-동일성을 획
득하는 데 실패하는-에 대해 자각한다는 것은 '자기 자신에 대해
설명한다는 것'의 불가능성을 인정하는 것이다. 버틀러의 원서 제
목이 "Giving an account of oneself(자기자신에 대한 설명을 주기)"라는
점에서 이미 자기를 설명하는 것은 누군가 나의 이야기를 들어 줄
'타자'가 있다는 것을 전제로 한다.[30]

---

29 주디스 버틀러, 양효실 옮김(2013)『윤리적 폭력 비판』, 인간사랑, pp.75-76.
30 자신에 대한 불투명성을 인지하는 것은 윤리적 폭력에 맞서는 일이 되고 비로
    소 타인을 받아들일 수 있는 능력을 키워갈 수 있다는 의미이다. 이것은 비단 오
    키나와의 체험자만을 뜻하지 않는다. 그들이 남긴 증언과 영상물을 통해 전후
    세대는 체험자의 기억을 분유하면서 당사자성을 획득해 갈 수 있을 것이다.

6. 맺음말

이 글에서는 오키나와 서벌턴의 구조적 차별과 식민지적 상황에 주목하여 그들의 주체적 말하기와 또 다른 말하기인 기억하기가 어떻게 가능한지에 대하여 살펴봤다. 오키나와인들은 일본 본토를 향하여 자신들의 목소리를 발신해 왔음에도 불구하고, 그들의 목소리는 무시당하는 상태가 지속되고 있다. 그러한 가운데, 이제는 전쟁의 체험자도 전쟁을 기억하는 이들도 크게 줄어든 상황에 전쟁 기억이 풍화되고 있다.

전쟁의 참상을 증언하고, 평화의 진정한 의미를 기억하기 위해 다양한 방식의 평화 학습과 풍화를 극복해 가는 시도가 이루어지고 있다. 그러나 과거의 역사와 기억을 단지 전달하는 것으로, 자기 세대에 맞춰서 다양한 방식을 모색해 가는 것으로는 현재 우리의 삶에 균열을 내기는 어려울 것이다. 과거 속 전쟁의 기억을 타자화하지 않고, 현재를 살아가는 우리에게 위기로서 일깨움을 주기 위해서는 오키나와 전쟁의 체험을 공유하고 그것을 서로 나누는 과정을 통해 '당사자가 되는' 당사자성이 요구된다.

당사자성은 나와 타자와의 새로운 관계를 구축하는 생성의 주체이자 보이지 않는 억압의 구조와 피해의 양상을 가시화시키는 힘이 된다. 당사자성을 획득함으로써 과거 속 전쟁의 의미를 오늘날 현재에 기억하고 계승하는 작업에 당사자가 될 수 있다.

| 참고문헌 |

가야트리 스피박 외, 태혜숙 옮김(2013)『서발턴은 말할 수 있는가?: 서발턴 개념의 역사에 관한 성찰들』, 그린비, pp.11-139.

개번 매코맥 · 노리마쯔 사또꼬, 정영신 옮김(2014)『저항하는 섬, 오끼나와』, 창비, pp.84-94.

김경희(2022)「서발턴 연구에서 '재현'의 문제와 지식인의 역할－일본의 당사저성 문제에 주목하여」『일어일문학연구』제122호, 한국일어일문학회, pp.217-238.

_____(2023)「정치적 주체의 불/가능성－오키나와 서발턴의 '자기 결정권'－」『일어일문학연구』제126호, 한국일어일문학회, pp.377-398.

김택현(2008)「다시, 서발턴은 누구/ 무엇인가?」『역사학보』200, 역사학회, pp.657-658.

다카하시 데쓰야, 한승동 옮김(2013)『희생의 시스템 후쿠시마 오키나와』, 돌베개, pp.6-7.

메도루마 슌, 안행순 옮김(2013)『오키나와의 눈물』, 논형, pp.15-16.

스티븐 모튼, 이운경 옮김(2011)『스피박 넘기』, 앨피, p.111.

아라사키 모리테루, 정영신·미야우치 아키오 옮김(2008)『오키나와 현대사』, 논형, pp.19-109.

_____, 백영서·이한결 옮김(2013)『오키나와, 구조적 차별과 저항의 현장』, 창비, pp.9-18.

_____, 김경자 옮김(2016)『오키나와 이야기』, 역사비평사, p.88.

정근식·주은우 외 편저(2008)『경계의 섬, 오키나와』, 논형, pp.36-48.

조성윤(2011)「전쟁의 기억과 재현」『현상과 인식』, 한국인문사회과학회 p.75-96.

주디스 버틀러, 양효실 옮김(2013)『윤리적 폭력 비판』, 인간사랑, pp.75-76.

新崎盛暉(1972)「沖縄闘争の敗北をめぐって」『市民』9, 勁草書房, p.141.

新崎盛暉(1995)「「平和の礎」問題を考える」『けーし風』第6号, pp.46-47.

上野千鶴子(2020)「歴史・記憶・証言」『社会文学』51, p.45.

_____(2022)「ポスト体験時代の戦争研究の課題」『学術の動向』27(12), pp.36-40.

沖本富貴子(2024)「「平和の礎」朝鮮人刻銘について」『地域研究』第31号, 沖縄大学地域研究所, pp.121-135.

北村毅(2007)「沖縄の「摩文仁(まぶに)の丘」にみる戦死者表象のポリティクス—刻銘碑「平和の礎(いしじ)」を巡る言説と実践の分析」『地域研究』3, 沖縄大学地域研究所, pp.49-66.

熊谷晋一郎(2012)「なぜ「当事者」か、なぜ「研究」か」『日本オーラル・ヒストリー研究』第8号, pp.93-100.

_____(2019)「当事者研究とは何か?」『情報処理』60-10, 東京大学先端科学技術研究センター, p.955.

中西正司・上野千鶴子(2003)『当事者主権』, 岩波親書, pp.2-6.

西尾理(2018)「加害からの平和教育—ナショナリズムを超えて—」『都留文科大学研究紀要』第88集, 都留文科大学, p.75.

牧杏奈(2021)「「サバルタン」研究—概念的な特性と意義」『明治大学社会科学研究所紀要』第59巻第2号, 明治大学社会科学研究所, p.108.

喜多加実代(2009)「語る／語ることができない当事者と言説における主体の位置—スピヴァクのフーコー批判再考—」『現代社会学理論研究』3, 日本社会学理論学会, pp.114-115.

高橋哲哉(2012)『犠牲のシステム 福島・沖縄』, 集英社新書, pp.10-18.

野村浩也(2019)『無意識の植民地主義—日本人の米軍基地と沖縄人』, 松籟社, pp.264-266.

前嵩西一馬(2020)「「他者」という罠-こどもたちに語る沖縄学」『桜文論叢』102, 日本大学法学部, pp.95-120.

屋嘉比収(2009)『沖縄戦、米軍占領史を学びなおす』, 世織書房, p.36.

吉見俊哉(2023)「沖縄を学びなおす—デジタルアーカイブに何ができるか」『デジタルアーカイブ学会誌』7巻2号, p.51.

【관련 웹 사이트 및 코퍼스】
일본 내각부 홈페이지 '오키나와 전투 개요' 참조.
　　　https://www8.cao.go.jp/okinawa/okinawasen/gaiyou/gaiyou.html (검색일:2024.06.20.)
일본 총무성 홈페이지 '오키나와 전투 개황' 참조.

https://www.soumu.go.jp/main_sosiki/daijinkanbou/sensai/situation/state/okinawa_17.html (검색일:2024.06.20.)

'평화의 초석' 건설 취지·기본 이념. 홈페이지

https://www.pref.okinawa.lg.jp/heiwakichi/jinken/1008269/1008287/1008288/1008289.html (검색일:2024.06.30.)

稲福政俊(2022.06.28.)「戦前・戦中世代 減少進む 22年・人口比10％切る→30年・5％切る NIAC推計(南西地域産業活性化センター(NIAC)) 沖縄戦継承に影響」琉球新報,

https://ryukyushimpo.jp/news/entry-1540895.html(검색일:2024.06.30.)

竹林静 田崎春菜(2023.08.15.)「平和学習「困難」7割 "生の声"機会減る 全国130小学校調査」毎日新聞,

https://mainichi.jp/articles/20230815/k00/00m/040/157000c(검색일:2024.06.30.)

東海テレビ(2023.09.03.)「若い世代はどうすれば関心持つのか…『Z世代が考え、伝える戦争』終戦から78年 記憶のバトン受け継ぐには」,

https://www.tokai-tv.com/tokainews/feature/article_20230903_29627 (검색일:2024.06.30.)

山根和代(2018.08.09.)「平和ミュージアムと平和教育」月刊『住民と自治』,

https://www.jichiken.jp/article/0088/ (검색일:2024.06.20.)

아이누의 주체화와 공생사회
오가와 류키치(小川隆吉)를 중심으로

오 성 숙

1. 머리말

　2022년 7월 25일, 아이누민족의 복권운동에 힘써온 오가와 류키치(小川隆吉, 1935~2022)가 86세의 나이로 서거했다. 오가와는 아이누 인골반환과 공유재산반환 투쟁에 앞장서 온 인물이다. 이러한 오가와의 투쟁은 선주민족의 선주권과 자기결정권(自己決定権)을 되찾는 아이누의 주체화 과정으로 읽을 수 있다.

　아이누 관련 선행연구들은 일본의 아이누 정책과 선주권, 다문화공생에 대한 비판적 시각이 주를 이루고 있다. 조영준은 아이누의 당사자성이 없는 일본인에 의한 구현[1]을 지적하고, 이시하라 마

129

이(石原真衣)도 인식 주체로서의 아이누의 부재[2]를 논하는 가운데, 본 논문은 지금까지 소홀했던 아이누 당사자 오가와에 주목하여 그의 자전『나의 이야기 – 어느 아이누의 전후사(おれのウチャシクマ(昔語り)―ある アイヌの戦後史)』[3]와 발언을 다루고자 한다. 먼저, 조선인 아이누, 그리고 일본인의 중첩된 경계인으로서의 오가와 표상을 살펴보고자 한다. 더 나아가 '아이누 인골 반환 소송'을 중심으로 아이누의 '주체화' 과정을 읽어내고자 한다. 따라서 본 논문은 당사자 아이누의 '선주권', '자기결정권' 회복을 촉구하는 한편, 다민족국가로서의 공생사회를 표방하고 있는 일본으로 하여금 성찰의 계기를 마련한다는 점에서 시사점이 있다고 생각된다.

2. 아이누 모시리의 오가와 류키치: 조선인·아이누

오가와 류키치는 1935년, '고요한 인간의 대지'라는 아이누 모시리, 홋카이도 우라카와(浦河)의 기네우스(杵臼)에서 아버지 이수부

---

1 조영준(2023)「일본 대중 매체 속 아이누 민족 표상 연구」『인문논총』80권 1호, 인문학연구원, p.138.(DOI: 10.17326/jhsnu.80.1.202302.137)

2 石原真衣(2018)『<沈黙>のオートエスノグラフィー ：「サイレント・アイヌ」におけるサバルタン化のプロセスとポストコロニアル状況』北海道大学博士(文学)甲第13279号、北海道大学大学院、p.14.(DOI: 10.14943/doctoral.k13279)

3 小川隆吉(2015)『おれのウチャシクマ(昔語り)―あるアイヌの戦後史)』、寿郎社、pp.1-208. 본 논문의 인용은 오가와 류키치 지음, 박성연 옮김(2019)『어느 아이누 이야기』, 도서출판 모시는 사람들, pp.1-278에서 하며, 이하 인용은 페이지만을 기입한다. 필요한 경우『어느 아이누 이야기』로 번역본의 제목을 사용하고자 한다.

(李秀夫)와 어머니 오가와 나쓰코의 사이(p.17)에서 태어났다. 아버지 이수부는 조선 경상남도에서 대를 이은 목재상이었다. 일본의 식민지배로 파산을 겪고 쫓기던 중 "일본 본토에서 일을 하면 한국의 몇 배의 임금을 받을 수 있다. 게다가 통역은 더욱 비싸다"(p.20)는 선전에, 그는 마을 젊은이 세 명과 함께 일본으로 향한다. 당시는 50명 단위로 일본으로 건너간 듯하고, 이수부는 부산을 거쳐 시모노세키, 오사카, 홋카이도에 도착한다.

『어느 아이누 이야기』에서 보면, 아버지는 히로오(広尾)의 터널공사장 다코베야(タコ部屋)에서 통역뿐만 아니라, 감독과 노역자 모두 앞에서 태만한 자에 대한 '린치'를 가하는 일도 맡게 된다.

홋카이도 '타코베야'의 강제노역 실상은 동아시아시민네트워크 공동대표 도노히라 요시히코(殿平善彦) 스님의 인터뷰에서 자세히 알 수 있는데, 그는 홋카이도 강제노동 희생자의 유골이 고향 조선으로 돌아오는 데 헌신적인 노력을 기울인 인물이기도 하다.

"메이지 시대 초기 홋카이도 개척 당시부터 있던 강제노동 형태다. 도로, 철도 등 각종 인프라 건설을 위해 처음엔 죄수를 데려왔다. 메이지 중기부터는 타지역 사람들을 감언이설로 속여 홋카이도에 데려온 뒤 유흥으로 빚을 지게 하고 팔아넘겼다. 많은 일본인이 다코베야에서 감금당한 채 중노동과 영양실조에 시달렸다. 사망자도 많았다. 태평양전쟁 때 일본인이 징병돼 노동력이 부족해지자 식민지 조선인을 강제 동원했다. 이들도 24시간 감시당하며 중노동을 했다. 도망치면 잡아다 본보기로 집단폭행했다."[4]

131

'타코베야'는 홋카이도의 토목공사, 광산에서 사용된 용어로 '문어방', '감금방'이라고 불리는 강제노동 수용소이다. 이는 감시, 감금당한 채로 중노동과 영양실조로 많은 사망자를 낳은 노예 시스템이라고 할 수 있다. 다코베야에는 메이지 시기 죄수와 타지역 일본인이, 1930년 전후로는 식민지 조선인이 노동자로 수용되었다. 아시아·태평양전쟁 때에는 강제 징용의 형태로 노동에 동원되었다. 홋카이도에는 메이지시대 초기인 1871년 규슈 아마쿠사(天草) 출신자 21호가 이주(p.21)한 것을 비롯하여, 일본 전지역에서 이주하고 있었음을 알 수 있다.

아버지는 이러한 '다코베야 노동' 현장에서 동료 노역자들에게 어쩔 수 없이 가하게 된 린치 때문에 신변의 위험을 느끼게 된다. 아버지는 감독에게 독한 술을 먹여 취하게 만들고, 그의 허리춤에서 열쇠를 빼앗아 노역자 전원과 함께 도망친다. 도카치(十勝)에서 히다카(日高) 산맥을 넘어 우라카와로 온 아버지 일행은 '아이고, 아이고, 아이고' 하며 도움을 요청했지만, 조선인이라는 것을 안 일본인들은 문을 열어주지 않았다. 그러다가 누구인지도 모르고 문을 열어준 집에 아버지 일행이 들어가게 되고, 허기를 채울 식사를 제공받는다. 이 집이 훗날 어머니가 되는 오가와 나쓰코의 아이누 집이었다. 나쓰코는 아버지를 비롯한 4, 5명의 조선인 일행에게 아침이 되면 일본 경찰이 들이닥칠 테니 떠나는 것이 좋겠다며, 다음 계

---

4 최진주 「"문어방에 갇혀 중노동, 영양실조로 사망도"… 조선인 강제노역의 실상」『한국일보』 2022.10.12.
    (https://www.hankookilbo.com/News/Read/A2022101200470000902?did=NA. 검색일: 2024.03.06.)

곡에서 도와줄 아이누 집을 알려준다. 도착한 마을에는 당시 난진(南人)으로 불린 조선인들이 살고 있었고, 아버지는 거기에 정착하게 된다. 1933년 아버지와 어머니 사이에서 누나 도시코가 태어나고, 2년 후 오가와가 태어난다. 아버지는 고향 조선에 오가와의 호적을 보낸다. 1937년 조선에서 아버지의 장남이 찾아오면서 2살 남짓 어린 오가와와 아버지는 헤어지게 된다. 입 주위에 엷은 문신을 한 어머니는 오가와가 9살 때, 집 앞 용수로에 걸친 판자에서 떨어져 뇌출혈로 사망한다. 조선의 호적으로 '난민'이 된 오가와는 이복형의 도움으로 기네우스에서 호적을 만들게 된다.

앞서 언급했듯이, 홋카이도에는 '난진'으로 불린 조선인이 정착해 살고 있었다. 이와 관련하여 석순희(石純姬)가 쓴『조선인과 아이누 민족의 역사적 유대(朝鮮人とアイヌ民族の歷史的つながり)』에 따르면, 1911년 홋카이도의 조선인이 6명이었다는 통계가 존재하고, 일찍이 1870년 비라토리(平取)의 아이누 고탄(부락)에 조선인 남성과 아이누 여성의 아들 출생이 기록되어 있다. 1883년 「삿포로현 공문록 조수사냥 권업과 농무계(札幌県公文錄鳥獸猟勧業課農務係)」에서 보면, 아이누 민족의 강압적 동화정책 아래 아이누 민족의 수렵과 어로가 제한되는 반면, 조선인에 대한 조수렵(鳥獸猟)은 일본인과 마찬가지로 허용된 문서[5]가 존재함을 알 수 있다. 메이지 초기만 해도 아이누와 다른 조선인의 위상을 볼 수 있다. 섣부른 감이 있지만, 일본인과 대등한 관계까지 언급할 수 있을지는 모르겠으나, 우호적인 관계에 있었

---

5 석순희 지음, 이상복 옮김(2019)『조선인과 아이누 민족의 역사적 유대』, 어문학사, p.35.

다는 점은 지적할 수 있다. 더 나아가 오가와의 아버지 이수부가 홋카이도에 올 무렵에는 조선인의 수가 7,711명으로 급격하게 증가하면서, 1939년 38,700명, 1944년 259,330명으로 상당수의 조선인이 정주(定住)하고[6] 있었다. 오가와는 강제 연행, 강제 노동으로 연행된 조선인의 대부분이 아이누 고탄에 도움을 청했고, 조선인과 아이누 여성 사이에 태어난 아이는 300명에 이른다[7]고 언급하고 있다.

1962년 오가와는 아이누 우라카와(浦川) 출신 사나에와 결혼한다. 당시 아이누 동쪽끼리의 결혼은 드문 일이었고, 결혼을 반대하는 '우타리'(동포)도 있었다고 전한다. 2009년 홋카이도 '아이누민족생활실태조사보고서'에서 Q(남성, 삿포로, 노인)는 어머니가 아이누, 아버지가 조선인으로 혼혈인이다. Q의 증언에는 '아이누, 조선, 가장 빈곤'이라는 말을 떠올리는 장면이 있다. 가난과 함께 아이누 차별에 조선인 차별이 더해져 이중, 삼중의 고통을 겪었음을 알 수 있는 대목이다. 나아가 결혼에 있어서 아이누 여성에 대한 차별은 더욱 두드러졌다. 오가와의 언급에서도 알 수 있듯이 아이누끼리의 결혼도 되도록 피하려는 인식 아래, 아이누 남성들은 아이누 여성이 아닌 일본인 여성과의 결혼을 원하는 경우가 높았다.[8] 당시는 아이누에 대한 차별이 여성들에게 더욱 가혹해, 아이누 여성과 조선인

---

6 위의 책, p.37.
7 위의 책, p.80.
8 菊地千夏(2012)「アイヌの人々への差別の実像 : 生活史に刻まれた差別の実態」『北海道アイヌ民族生活実態調査報告』, 北海道大学アイヌ・先住民研究センター, p.151. (http://hdl.handle.net/2115/48978. 검색일: 2024.03.10.)

의 결혼이 성행하는 가운데 사나에와 조선인 혼혈이었던 오가와의 결혼이 성사되었다고도 할 수 있다. 사나에는 아이누로서의 자각이 강하고 동생 마치코도 아이누 전통공예사로 활동하는 등, 사나에 집안은 아이누의 관습을 소중히 하고 지키는 사람들이었다. '아이누가 싫었던' '아이누어를 몰랐던'(p.71) 오가와는 사나에와 결혼하지 않았다면 일본 사회에 동화되어 아이누와는 무관한 삶을 살았을 것이다.

3. 조선인·아이누·일본인의 경계

메이지 시대 홋카이도에는 많은 일본 본토 사람들이 건너오고 농경에 적합한 땅을 찾아다녔다. 아이누 최초의 일본 국회의원이자 아이누어의 보급에 힘써온 가야노 시게루(萱野 茂)는 그의 자서전에서 다음과 같이 말한다.

> 히다카(日高) 지방에는 니이카츠부(新冠) 강과 시즈나이(静內) 강을 노렸다. 이 두 강은 많은 연어가 거슬러 오는 좋은 강이며 주위 산에는 사슴도 많이 있다. 게다가 기후가 온난하여 인간이 살기에 더없이 좋은 땅이다. 그러므로 이 두 강의 유역에는 사루 강 유역과 마찬가지로 아이누 코탄이 여기저기 흩어져 있고 많은 아이누가 살고 있었다. 그런데 이 땅에 찾아온 샤모[9]의 실력자들은 메이지 시대에 이곳을 일본 천황가의 황실 목장용지로 만들어 버렸다. 황실 목장으로 정해지자,

옛날부터 그곳에 살고 있던 선주민인 아이누가 '방해'가 되었다. 샤
모 관리인은 아이누를 다른 곳으로 이주시키기로 계획하여 사루 강
상류의 산속에 있는 카미누키베츠로 이주처를 정했다. (중략) 조상 대
대로 살아오던 풍요로운 땅에서 다른 척박한 땅으로 옮기라고 하니
아이누인들은 납득할 수 없었다. 이의 신청도 해본 것 같지만 강력한
힘을 지닌 샤모에게 저항할 수 없었다.[10]

1869년 근대 일본은 아이누 모시리를 국유지로 하여 천황의 땅
으로 규정하고 '개척사'를 두어 개척에 착수한다. '에조치'를 '홋카
이도'라고 이름을 바꾸고 산, 바다, 강, 호수 등, 인간 아이누에게
선사된 카무이(신)로부터의 은혜를 전부 빼앗(p.165)는다. 생업마저
할 수 없게 된다. 그뿐만 아니라 동화정책을 실시하여 일본인과 같
이 호적을 만들고, 창씨개명, 일본어 사용을 강제하는 한편, 아이누
문화와 전통, 습관이 금지된다. 이러한 일련의 메이지 정부 정책에
따라 아이누는 선조부터 살았던 '아이누 모시리'라는 땅과 자연환
경에서 누렸던 권리를 빼앗기고 아이누 민족의 정체성도 잃어가고
있었다.

근세 에도시대에는 앞서 언급했듯이 홋카이도를 '에조치'라고
불렸다. 도쿠가와 이에야스(德川家康)는 1604년 마쓰마에번주(松前藩
主)에게 흑인장(黑印狀)을 교부해 마쓰마에 토지와 함께 아이누와의

---

9 샤모는 아이누가 일본인을 비하하는 명칭.
10 가야노 시게루 지음, 심우성 옮김(2007) 『아이누 민족의 비석』, 동문선, pp.68-
    69.

독점적인 교역권을 인정해준다. 에도시대만 해도 에조치(蝦夷地)와 와진치(和人地, 일본인 지역)가 나뉘어 있었고, 영역을 침범하지 않았다. 교역은 마쓰마에번에서만 이루어지고, 에조치는 '외국(外国)', '이성(異城)'[11]으로 간주되었다. 앞선 언급했던 가야노의 할머니가 할아버지에게 들은 이야기에 따르면, 마쓰마에번 체제하에서도 아이누의 남성들, 아들들, 어린아이들까지 삯꾼으로 강제징용되어 노예 노동에 시달리다 추위와 굶주림[12]에 목숨을 잃는 착취도 존재했다. 그럼에도 불구하고 독립된 영역과 정체성은 유지할 수 있었다.

아이누는 한때 '토인(土人)'으로 불렸는데, 1856년 막부의 공식문서에는 일반적으로 사용되었던 '에조인(蝦夷人)', '이인(夷人)'에서 '토인(土人)'으로 통일[13]되었다. 당시만 해도 '토인' 그 자체에 야만이나 미개를 의미하는 차별용어로서의 어감(語幹)은 희박했다.[14] 하지만 메이지 시대에 접어들면서 '야만'와 '미개'의 모욕적인 차별용어로 자리잡게 된다.

아이누 활동 어드바이저 하라다 기쿠에(原田公久枝)의 증언에서 보면, 초등학생 때 자신이 아이누인 사실을 처음 알게 된다.

---

11 市川守宏(2023)『イチからわかるアイヌ先住権』, かりん舎, p.20.

12 가야노 시게루 지음(2007), 앞의 책, pp.63-64.

13 児島恭子(2003)『アイヌ民族の研究－蝦夷・アイヌ観の歴史的変遷－』, 吉川弘文館. 인용은 岩佐 奈々子(2018)『日本オーラル・ヒストリー研究』「アイヌの人々の「新しい生き方」の語り──自己の二重性を乗り越える経験から」, 日本オーラル・ヒストリー学会, p.155에 의한다.

14 菊地勇夫(1984)『幕藩体制と蝦夷地』, 雄山閣出版. 인용은 前掲書, 岩佐奈々子(2018), p.155에 의한다.

초등학교 입학하고 얼마 지나지 않았을 때 감기에 걸려 학교를 하루 쉬었다. 다음 날 학교에 갔더니 교실 분위기가 이상했다. 한 남자애가 나를 "아이누"라고 불렀다. 내가 아이누라는 걸 그때 처음 알았다. 그날부터 매일 아이들의 괴롭힘이 이어졌는데, 사실 나는 아이누가 뭔지 몰랐다. 그저 같은 반 친구들의 태도에서 아이누란 뭔가 더럽고 냄새나고 기분 나쁜 것이구나, 하고 짐작해 볼 따름이었다. (중략) 매일매일 친구들로부터 괴롭힘을 당하면서 '아이누인 게 정말 싫어'라고 생각하게 됐다.[15]

대부분 자신이 아이누인지 모르고, 아이누가 뭔지도 모르는 상태에서 학교의 신체검사, 운동회 등에서 '털이 많다', '털이 진하다' 등의 신체적 특징으로부터 아이누임을 알게 되고, 알려지게 된다. 그로부터 '더럽고 냄새나고 기분 나쁜 것'으로 괴롭힘을 당하게 되어 '아이누인 게 정말 싫어'라고 체감하며 정체성을 숨기게 된다.

더 나아가 1983년 홋카이도립 게이세이(啓成) 고등학교 교사의 발언이 큰 문제가 된다. 지리B의 수업에서 '아이누와의 결혼을 피하기 위해'라고 쓰자, 학생들이 키득거렸고 "웃을 때가 아니다, 제대로 공부해라"라고 주의를 준 후의 발언이다.

"너희들은 이후에도 홋카이도에서 살게 된다. 여기서 중요한 것은

---

15 미리내 엮음, 양지연 옮김(2019) 『보통이 아닌 날들』, 사계절, p.216.

아이누와의 결혼을 피할 것. 이를 위해 아이누를 제대로 구분할 것. 한눈에 봐도 눈썹이 두껍다. 나는 아이누가 내 집에 와서 목욕탕에 들어간 것을 본 적이 있다. 곰이 떠 있는 듯, 전신이 털투성이었다. 지금은 이러한 극단적인 사람들은 잘 없지만 그렇기 때문에 구분이 중요하다."(p.146.)

여기에 심각성은 단어의 조합에서 알 수 있다. '전신이 털투성이', '곰'과 '아이누'라는 말에서 '이오만테'를 금지시켰던 이유인 '야만 행위'를 연상할 수 있으며, '아이누=야만인'이라는 인식에 다름 아니다. 눈에 띄는 외적인 부분이 차별을 심화시키는 가운데 '털', '아이누'라는 말에서 비롯되어 일본어 발음이 비슷한 '아, 이누(개)'를 연상하게 하고, 아이누에게 '아, 개가 온다'라는 차별의 일상화가 이루어진다. 이러한 외형에 따른 '차별'로 인해, 특히 남성 아이누에 두드러진 외형적 특성을 엷게 하기 위해 일본인 여성과의 결혼을 희망하는 아이누 남성들이 많았다.[16] 이는 아이누의 차별과 편견이 '아이누 지우기'라는 일본의 동화정책을 강화하는 아이러니를 발견할 수 있다. 이러한 동화정책과 단일민족주의는 '아이누는 존재하지 않는다' '아이누는 동화되어 소멸되었다'라는 아이누 민족의 존재 자체를 부정하는 배제를 낳았다고 볼 수 있다.

1980년 삿포로시 시라이시(白石)의 소학교 교감은 신입생 학부모를 대상으로 설명회를 열어 학교의 중요성을 설파하는 자리에서

---

16 菊地千夏(2012)「アイヌの人々への差別の実像 : 生活史に刻まれた差別の実態」『北海道アイヌ民族生活実態調査報告』, 北海道大学アイヌ・先住民研究センター, p.151.

"만약 교육을 하지 않는다면 아이누처럼 되어 버린다"(p.139)는 발언으로, 아이누 민족에 대한 차별을 드러냈다. 이에 대해, 아이누 민족을 부친으로 둔 어머니가 "좀 전의 발언은 아이누 민족에 대한 차별 발언입니다."(p.139)라고 추궁하며 교장과의 면담을 요구했지만 거절당한 일화가 있다.

이 사건을 계기로 삿포로시 교육위원회는 '교원의 아이누에 대한 의식조사'를 실시한다. 그 결과를 정리하면 '아이누가 아직 있습니까?'(p.140)이다. 또한 간사이(関西) 가와이(河合)의 진학 학원 교재에 '아이누는 이미 존재하지 않는다' 고 기술되어 있었다. 이러한 일련의 사례는 아이누가 일본 사회의 구성원이라는 실상과 동떨어진 교육이 이루어져 왔다는 것을 의미하고, 결국 '아이누는 일본인과 동화되어 소멸했다'는 담론을 견고히 할 따름이다. 오가와는 이러한 원인을 '알고 모르고의 차이' 즉 '무지'에서 찾고 있다. 따라서 '올바른 아이누관을 계발하기 위한' 수단을 강구하게 된다. 더 나아가 오가와는 "교육이라는 활동은 단순히 지식의 전달뿐 아니라, 아이누의 관점에서 본다면 우리들 민족을 멸망시킬 무기로써의 역할을 해왔던 것"(p.140)이라고 말한다. 즉, 교육이 아이누관을 형성하고 아이누에 대한 '차별의 일상화'를 조장하고 있다고 할 수 있다.

한편, 오가와는 1993년 한국의 한일협회 초청으로, 한일 우호개선을 도모하기 위한 문화사절단으로 한국을 방문한다. 아이누 민족의 대표단으로 민족의상을 입고 공항에 모인 신문기자들에 둘러싸여 "여기는 나의 아버지의 나라입니다."(p.119)라고 발언한다.

도착한 다음 날에는 큰 박물관[천안 독립기념관]에 갔다. 그곳에는 일본군이 자행한 일들이 그림으로 전시되어 있었다. 함께 간 모두 깜짝 놀랐다. 예를 들면 갓난아기를 공중에 들어 올려 총검으로 찌르는 장면이 컬러로 그려져 있는 것이었다. (중략) 종군위안부의 그림도 있었다. 보는 것 하나하나가 가슴에 꾸욱 와닿아서 앞으로 갈 때마다 점점 나 자신이 작아졌다. 견딜 수 없을 정도로 마음이 움직였다.(p.120.)

오가와는 그날 저녁 한일교류회에서 아무 말도 할 수 없었다고 고백한다. '일본에서 왔다는 것만으로도 부끄러운 마음'이 들었다는 것이다. 일본 국내 피식민자이자 차별받는 민족 아이누이지만, 국적이 일본이라는 이유였을 것이다. '더구나 공짜 돈으로 오다니. 난모나이 (잘한 일이 아무것도 없다)'라는 언급에서는 '일본인'이라는 죄책감과 함께, 일본 홋카이도청의 비용 부담으로 일본을 대표해서 왔다는 자책에서 비롯된 것으로 보인다. 이는 일본 국적의 조선인·아이누 혼혈이라는 정체성으로부터, 조선인에 대한 일본인으로서의 죄책감과 자책이라고 할 수 있다. 조선인이자 아이누, 그리고 일본인이라는 삼중의 경계인으로서의 복잡한 심경을 오가와에게서 읽을 수 있다.

4. 아이누 유골 반환 투쟁과 선주권, 자기결정권

1980년 11월 히다카의 아이누 민족 가이바사와 히로시(海馬沢博)가 홋카이도대학 의학부 교수 고다마 사쿠자에몬(児玉作左衛門)을 비판하면서 사건이 시작된다. 가이바사와는 고다마 교수가 "법적 절차를 밟지 않고 제멋대로 아이누 민족의 묘를 파내어" "인골 1,500구를 빼내 갔다는 사실은 용서받을 수 없는 문제"(p.153)라면서 아이누 유골 반환을 요구한다. 아이누 유골 반환을 둘러싸고 사태의 규명을 촉구하는 가이바사와의 지속적인 추궁과 홋카이도대학의 대응은 서신을 통한 대치 상황을 연출한다.

> 쇼와 58년(1983) 1월, 가이자와 다다시, 스기무라 교코, 구즈노 모리이치, 오가와 류키치, 사무국의 사토 유키오 등 6명이 의학부 3층으로 안내받았습니다. 벽 한쪽 면에는 유골들이 늘어서 있었는데, 오른쪽에 에조오카미(에조 늑대), 시마후쿠로(올빼미), 이어서 아이누가 있었습니다. 아이누의 유골에는 숫자, 글씨는 독일어로 기입되어 있었습니다.(p.155.)

오가와 일행이 도착한 홋카이도대학 의학부 동물실험실의 벽안에는 해골이 가득했다. 오가와는 늑대와 올빼미 등의 동물 뼈와 함께 아이누 선조의 뼈가 동물실험실 안에 나란히 놓여 있는 모습을 보고 참을 수 없는 분노를 느낀다. 아이누의 유골에 적힌 숫자를 바라보며 인간으로서가 아니라 동물로써 취급되는 충격적인 현장을 목격한 까닭이다.

홋카이도대학은 우타리협회를 교섭 창구로 일원화하여 '담합'이라는 의혹을 불러일으키는 가운데, 유골 반환을 결정한다. 홋카이도대학과 우타리협회는 유골 반환을 수용한 쿠시로지부, 아사히카와지부, 오비히로지부, 몬베츠지부, 미쓰이시지부에 유골을 보내고 남은 1,000구를 납골당에 안치했다. 그리고 매년 8월에 '이치르바'라는 선조를 위령하는 의식(p.156)을 치르기로 합의한다. 이러한 합의로 도굴과 보존이라는 범죄에 대한 홋카이도대학의 규명과 반성, 사죄도 없는 가운데 면죄부가 주어진다. 일명 '사죄 없는 화해'이다. 더 나아가 납골당은 '예산을 얻기 위함'이라는 명분 아래, 1984년 7월 의학부 근처에 '표본보존고'라는 이름을 달고 '아이누 납골당'으로 간주되며 유골이 안치된다.

1995년에는 홋카이도대학 후쿠가와(福川) 강당 인골사건이 벌어진다. 홋카이도대학에서 문화인류학, 선사학을 가르치던 요시자키 마사카즈(吉崎昌一) 교수의 퇴임을 앞두고, 친밀했던 아이누 청년이 후쿠가와 강당에 있던 연구실 정리를 도와주다가 아이누의 유골이 든 종이상자를 발견한다. 종이상자 안에는 6구의 인간 두개골이 들어 있었다. 두개골에 붙은 종이에는 '동학당' 1구, '오타스의 숲풍장 오로코'(월타) 3구, '일본 남성 20세' 1구, 그리고 '기증 두개골 출토지 불명' 1구(p.189)로, 한국인 1구, 월타족 3구, 일본인 1구, 불명자 1구였다. 월타족은 일본 지배 시기인 쇼와(昭和) 초기에 사할린 거주하고 수렵과 순록 방목을 생업으로 하는 선주민이다. 홋카이도대학이 "돌려 달라, 고소하겠다."며 반환을 요구하고 이에 "얼마든지 고소해라, 이쪽이 먼저 발견한 것이다"(p.190)로 대응했지만, 교섭 끝에 홋카이도대학에 반환하게 된다. 그 후 1996년 '동학당' 1구는 한승헌 '동학농민혁명 지도자유골 봉환위원회' 상임대표에 의해 고국 한국으로 돌아오게 된다. 그러나 방치된 기간이 상당히 길었다. 본 유골은 2019년 6월 1일 녹두관이 개관하면서 안치되었지만, 일본뿐 아니라 한국에서도 방치되어 125년 동안 존중받지 못했다. 부끄러운 우리의 모습이다.

한국 언론에서는 본 유골에 대해 앞서 언급한 '동학당'보다 좀 더 구체적으로 보도되었다. "진도에서 효수한 동학당 지도자의 해골, 시찰 중 수집"이라는 문구이며, 동학농민혁명 당시 일본군에 처형된 무명의 농민군 지도자 머리뼈를, 1906년 한 일본인이 인종학 연구를 위해 고국으로 옮긴 것으로 알려졌다.[17] 이 유골은 동학 지도자 박중진으로 추정[18]되고 있었다. 홋카이도대학 조사위원회는 "두개골은 특히 1906년 조선총독부의 전신 통감부에서 농업기사(技師)로 근무했던 일본인이 자신의 출신교인 삿포로농업학교(현 홋카이도대학)에 보냈을 가능성이 높은 것"[19]으로 발표하고 있다.

앞선 오가와의 인용에서 유골에 독일어가 기입된 부분은 다음 정보를 통해 그 이유를 가늠해 볼 수 있다. 홋카이도대학 오다 히로시(小田博志)는 1880년 6월 19일에 개최된 「베를린 인류학·민속학·선사학회(BGAEU)」 연구회의 '에조의 아이누 두개골의 발굴에 관한 보고' 라는 필기록에 다음과 같이 기록되어 있다고 전한다. 1879년 6월 홋카이도에 독일인 게오르크 슐레진저(Georg Schlesinger)

---

17 정경재「무명의 동학농민군 지도자, 125년 만에 전주에서 영면」『연합뉴스』 2019.06.01.(https://www.yna.co.kr/view/AKR20190601035951055. 검색일: 2024.04.01.)

18 김다솔「동학혁명 지도자 유골 120년간 방치 <전북>」『연합뉴스』2014.06.26. (https://v.daum.net/v/20140626184808053. 검색일: 2024.04.01.)

19 「日 홋카이도대학 동학혁명지도자 유골 반환」『연합뉴스』1996.05.21. (https://v.daum.net/v/19960521141100564. 검색일: 2024.04.01.)

가 방문, 아이누촌으로 알려져 있던 곳의 묘지에서 1구의 두개골(頭骨)을 도굴하여 독일에 가져왔다는 것이다. 여기에는 슐레진저가 이러한 도굴이 유골에 대한 모독적인 행위라는 인지가 있었고, 이러한 우려로 어두운 밤에 두개골을 입수했다고 적고 있다. 슐레진저는 이 두개골을 BGAEU의 대표이자 세포병리학의 권위자, 형질인류학의 선구자 루돌프 피르호(Rudolf Virchow)에게 기증한다. 이 자리에서 슐레진저는 모독이라는 질책을 받을 것이라는 예상과 달리, 피르호의 칭찬을 듣게 된다. 피르호는 연구를 위해 많은 아이누의 두개골을 가져오기를 희망한다. 이 사건은 더 많은 아이누의 두개골을 가져오도록 조장하는 꼴이 되고, 도굴이라는 수단도 암암리에 용인[20]되었다. 서양의 각국은 민속학과 박물관이 아이누 자료를 수집하는 데 적극적이었다. 당시 서양은 아이누를 옛날 백인종으로 파악하고 일본 열도의 본래 이주자였으나 대륙에서 도래한 집단에 의해 홋카이도로 쫓겨남으로써 미개의 상태로 남겨진 동포라는 특이한 시선으로 보고 있었다. 그 결과 많은 구미인(欧米人)에 의해 아이누 자료가 각국의 박물관에 소장되어 있었다[21]고 한다. 더 나아가 이렇게 베를린에 모인 인골이 아이누뿐만이 아니라는 사실이다.

당시의 제국주의 노선을 걷던 영국, 프랑스, 독일에서는 이러한 식민지 미개인의 인골을 통한 인류학이 '야만과 문명'이라는 이분

20　小田博志(2018)「骨から人へ：あるアイヌ遺骨のrepatriationと再人間化」『北方人文研究』第11号, pp.75-76.

21　岸上伸啓・佐々木史郎(2014)「19世紀末から20世紀前半にかけてのアイヌ研究とアイヌ資料の収集」『みんぱくリポジトリ』, 国立民俗学博物館学術情報, p.127.

법 아래 타자화, 식민지 지배를 정당화하는 논리로 이용되었다. 결국 식민지주의와 '생존경쟁', '우승열패(優勝劣敗)'의 다윈이즘이 인종적 편견을 낳는 이데올로기[22]로서 작동한다. 즉, 제국주의적 이데올로기 안에서 과학과 학문이 '우열'에 의한 차별을 정당화하고 조장했다고 할 수 있다.

일본 학자의 아이누 연구를 위한 유골 도굴 여행이 1888년 여름 이루어졌다. 이 여행에서 도쿄제국대학 인류학자이자 일본인류학회를 만든 쓰보이 쇼고로(坪井正五郎)와 도쿄제국대학 의과대학 해부학 교수인 고가네 이요시키요(小金井良精)에 의해 아이누 유골이 1차 수집되었다. 1889년 2차 여행은 고가네 일행에 의해 이루어졌다. 이 두 차례, 2년여에 걸친 여행을 통해 홋카이도 해안과 시코탄섬(色丹島), 구나시리섬(国後島)에서 160구의 아이누 두개골이 수집[23]되었다. 아이누 두개골 수집은 1890년 전후부터 1912년까지 25년간 이루어졌다[24]고 한다. 쇼와시대에 이르러 아이누 묘지발굴은 대규모화된다. 1932년 말 일본학술진흥회가 설립되고 1934년 '아이누의 의학적 민족생물학적 조사연구'가 개시된다. 그 프로젝트의 하나로 홋카이도제국대학 의학부 야마자키 하루오(山崎春雄)와 고다마 사쿠자에몬(児玉作左衛門)에 의해 본격적인 아이누 인골 수집에 들어간다. 전전(戦前)에도 수집된 두개골이 500구가 넘으며, 전후 1972년까지 계속 도굴되었다. 그리고 2017년 문부과학성의 자료에 따르

---

22 小田博志(2018), 앞의 책, p.77.
23 松島泰勝 外編(2019)『大学による盗骨』, 耕文社, p.94.
24 岸上伸啓・佐々木史郎(2014)「19世紀末から20世紀前半にかけてのアイヌ研究とアイヌ資料の収集」『みんぱくリポジトリ』, 国立民俗学博物館学術情報, p.132.

면 12개 대학에 1,676구의 아이누 유골이 아직도 존재[25]하고 있다
는 사실이다. 아이누 민족에게는 식민지주의, 제국주의가 여전히
진행되는 현재형이다.

2008년 1월 10일 오가와에게 홋카이도대학 학생의 전화가 걸려
온다. 아이누 납골당 앞에서 오가와의 설명을 듣던 학생이 '아이누
인골 대장'으로 추정되는 것을 찾았다는 전화였다. 이를 계기로
'홋카이도대학 의학부 고다마 사쿠자에몬이 수집한 아이누 인골
대장과 이에 관한 문서'를 정보개시청구하고, 더 나아가 정보개시
청구의 이의신청을 통해 '아이누 인골발굴에 관한 문서'를 청구하
게 된다. 그리고 '인골 반환 소송'으로까지 이어지는 뜻밖의 결정
적 사건으로 발전한다. 이러한 과정은 지난한 기다림 속에서 이루
어진 것이다.

> 전국의 11개 대학에 아직 방치되어 있는 아이누 인골 1,600구, "돌
> 려주겠다. 돌려주겠다."를 반복하고 정부는 아이누 인골을 돌려줄 매
> 뉴얼을 만들겠다고 말했지만, 지금까지 완성되지 않았습니다. 인권
> 후진국의 모습이 바로 눈앞에 있는 것입니다."(pp.233-234.)

오가와는 2008년 7월과 9월 홋카이도대학에 의해 정보개시된
문서를 검토하는 과정에서, 8월 발족된 '홋카이도대학 개시문서연
구회'의 도움을 받는다. 현재에도 함께 하고 있다. '홋카이도대학

---

25 土取俊輝(2019) 「北海道大学文学部人骨事件」からみる遺骨返還問題」『四天王
寺大学紀要』第68号, 四天王寺大学, p.355.

개시문서연구회'는 오가와 류이치를 비롯한 아이누와 연대한 일본
인 연구자, 변호사, 저널리스트, 활동가, 종교인으로 구성되었다.
개시된 문서를 검토하는 가운데, 오가와가 태어난 키네우스의 아
이누 묘지에서 15구의 뼈가 발굴되었다는 점이 밝혀지고, 그중 오
가와 선조의 유골이 있었다. 오가와는 "이것을 반환해 줬으면 좋겠
다, 부장품도 함께. 그리고 사죄를 했으면 좋겠다."(p.241)고 요구했
다. 2011년 제1회 심포지엄 '정처 없이 헤매는 유골들-아이누 묘
지발굴의 현재'가 열렸으며, '샤모가 파헤진 뼈를 이제는 시사무[26]
와 함께 앞으로 나가고'(p.242)있다. 반환 요구에 대한 답변도 듣지
못하고 홋카이도대학의 학장도 만날 수 없는 상태에서, 2012년 9월
14일 오가와 류키치와 죠노구치 유리(城野ロユリ) 등이 유족 측 입장에
서 '선조의 유골과 부장품의 반환을 요구하고, 더불어 학장의 사죄
를 요구하는 소송'을 삿포로 지방재판소에 제기한다. 2016년 7월
홋카이도대학과의 화해가 성립되고 키네우스에서 발굴된 유골 12구
가 반환되어 재매장되었다. 일명 '사죄 없는 화해'의 연속이다. 이
후 유골 반환이 홋카이도 각지에서 일어나는 계기가 됐다.

2007년 '선주민족의 권리에 관한 국제연합선언'이 채택되고, 여
기에는 빼앗긴 유골을 반환받는 권리가 기록되는 한편, 일본에서
는 '아이누민족을 선주민족으로 할 것을 촉구하는 결의'가 가결되
면서 선주민족이라는 인식이 확산된다. 이러한 분위기 속에서 일
본 정부는 홋카이도대학 등에 소장되어 있는 아이누 민족의 유골

---

26 일본인을 비하하는 샤모에 대해, 시사무는 이웃 일본인이라는 의미로 사용된다.

을 '민족공생의 상징공간'으로 만들 것을 계획한다. 2020년 홋카이도 시라오이에 설립된 국립 '민족공생상징공간(우포포이)'은 '존엄성 있는 보관을 한다'는 원칙하에 연구 자료로 활용(p.232)하기로 되어 있다. 이는 존엄한 위령을 한다는 구실로 시라오이에 옮겨 대학의 모든 책임을 회피하려는 태도로, 오가와는 용서할 수 없는 일로 간주한다. 재조사가 예정된 가운데, 이는 기존의 아이누 유골 연구를 계속하겠다는 속내로 보이기 때문이다. 오가와는 연구라는 이름 아래 행해진 아이누 민족에 대한 차별을 밝히고 싶다[27]고 말한다. 그는 이러한 투쟁을 계속할 수 있는 원동력을 '한'이라고 말한다. 현재도 공식적인 사죄, 배상이 없다. 연구의 폭력, 학문의 폭력, 교육의 폭력은 지금도 여전히 지속되고 있다. 말로만 '공생', '공생사회'인 것이다. 유골도 인체의 일부로서 존엄을 갖는다. 도굴되어 방치된 유골은 재매장에 의해, 존엄과 아이누의 정체성을 획득할 수 있다. 따라서 유골 문제는 탈식민화의 정치적 상징이며, 유골의 반환과 재매장에 의해 '사자'에서 '선조'로, 그리고 '후손'으로 이어지는 관계성을 회복한다는 점에서, 과거를 현재로 부상시키고 미래로 직결[28]되는 중요한 의미를 갖는다. '홋카이도대학은 아이누 유골을 반환해라', '아이누의 유골은 아이누에게', '아이누 유골은 코탄(コタン)의 땅으로'라는 요구는 식민지 지배로 인한 역사적 상처

---

27 『北大開示文書研究会』ホームページ(http://www.kaijiken.sakura.ne.jp. 검색일: 2024.04.05.).

28 松島泰勝(2018)「日本帝国主義と琉球―脱植民地化としての遺骨返還運動―」『日本平和学会』, 日本平和学会2018年秋期研究集会, (https://heiwagakkai.jimdo.com/2018/10/09. 검색일: 2024.03.10)

를 치유하고, 민족적 자존감과 정체성을 회복할 수 있는 계기를 마련할 뿐 아니라, 자기결정권의 행사이자 공생사회로 나아가는 첫걸음이다. 또한 교육의 폭력, 연구의 폭력, 학문의 폭력에 저항한 아이누 오가와의 아이누의 권리와 존엄을 되찾는 행위이기도 하다. 이러한 오가와의 투쟁은 주체화를 향한 싸워나가는 선주권, 자기결정권의 회복이며, 공생사회의 실현을 향한 여정이었다.

5. 맺음말

본 논문은 오가와 류이치를 중심으로, 빼앗긴 권리와 인권을 회복하고자 힘써온 아이누 당사자의 주체화 과정을 통해, 일본의 공생사회에 대한 성찰을 촉구하는 것이었다.

먼저, 오가와가 조선인 아이누라는 중층적 차별 구조에서 민족적 트라우마에 고통받고 있었음을 알 수 있다. 더 나아가 조선인, 아이누, 그리고 일본인이라는 복합적인 정체성은 일본 제국주의 안에서 식민지 조선인의 가해자적 위치에 놓이며 죄책감과 자책에도 시달리고 있었다.

다음으로, 오가와는 교육과 연구, 학문이라는 이름으로 자행된 아이누 민족에 대한 일상적인 차별과 폭력을 밝히고자 노력했음도 엿볼 수 있었다.

마지막으로, 오가와가 주도한 아이누유골 반환 운동은 '아이누의 것은 아이누에게'라는 것으로 상징되며, 식민지 지배로 인해 발생한 역사적 상흔을 치유하고, 아이누 민족의 자존감과 정체성 회복을 위한 투쟁이었다. 더 나아가 이는 빼앗긴 선주민족으로서의 선주권과 자기결정권의 회복을 의미하고 다양성이 공존하는 공생사회의 실현임을 보여준 것이라고 할 수 있다.

| 참고문헌 |

오가와 류키치, 박성연 옮김(2019)『어느 아이누 이야기』, 모시는 사람들, pp. 1-278.

가야노 시게루, 심우성 옮김(2007)『아이누 민족의 비석』, 동문선, pp.68-69.

석순희, 이상복 옮김(2019)『조선인과 아이누 민족의 역사적 유대』, 어문학사, p.35.

조영준(2023)「일본 대중 매체 속 아이누 민족 표상 연구」『인문논총』80권 1호, 인문학연구원, p.138.(DOI: 10.17326/jhsnu.80.1.202302.137)

김다솔「동학혁명 지도자 유골 120년간 방치 <전북>」『연합뉴스』2014.06.26. (https://v.daum.net/v/20140626184808053. 검색일: 2024.04.01.)

정경재「무명의 동학농민군 지도자, 125년 만에 전주에서 영면」『연합뉴스』 2019.06.01. (https://www.yna.co.kr/view/AKR20190601035951055. 검색일: 2024.04.01.)

최진주「"문어방에 갇혀 중노동, 영양실조로 사망도"... 조선인 강제노역의 실상」『한국일보』2022.10.12. (https://www.hankookilbo.com/News/Read/A2022101200470000902 ?did=NA. 검색일: 2024.03.06.)

「日 홋카이도대학 동학혁명지도자 유골 반환」『연합뉴스』1996.05.21. (https://v.daum.net/v/19960521141100564. 검색일: 2024.04.01.)

アイヌ政策検討市民会議(https://ainupolicy.jimdofree.com. 검색일: 2024.04.10.)

石原真衣(2018)『<沈黙>のオートエスノグラフィー:「サイレント・アイヌ」におけるサバルタン化のプロセスとポストコロニアル状況』, 北海道大学博士(文学) 甲第13279号、北海道大学大学院, p.14.(DOI: 10.14943/doctoral.k13279)

市川守宏(2023)『イチからわかるアイヌ先住権』, かりん舎, p.20.

岩佐 奈々子(2018)「アイヌの人々の「新しい生き方」の語り―自己の二重性を乗り越える経験から」『日本オーラル・ヒストリー研究』, 日本オーラル・ヒストリー学会、p.155

岩谷英太郎(1891)「アイヌノ減少」『北海道教育会雑誌』6号, 北海道教育会, p.18.

小川隆吉(2015)『おれのウチャシクマ(昔語り)―あるアイヌの戦後史)』, 寿郎社, pp.1-208.

小田博志(2018)「骨から人へ：あるアイヌ遺骨のrepatriationと再人間化」『北方人文研究』第11号, pp.75-76.

加藤博文・若園雄志郎(2018)『いま学ぶ　アイヌ民族の歴史』, 山川出版社, p.128.

岸上伸啓・佐々木史郎(2014)「19世紀末から20世紀前半にかけてのアイヌ研究とアイヌ資料の収集」『みんぱくリポジトリ』, 国立民俗学博物館学術情報, p.127.

土取俊輝(2019)「北海道大学文学部人骨事件」からみる遺骨返還問題』『四天王子寺大学紀要』第68号, 四天王寺大学, p.355.

松島泰勝(2018)「日本帝国主義と琉球一脱植民地化としての遺骨返還運動一」『日本平和学会』日本平和学会2018年秋期研究集会,

(https://heiwagakkai.jimdo.com/2018/10/09. 검색일: 2024.03.10.)

松島泰勝 外編(2019)『大学による盗骨』, 耕文社, p.94.

일본 제국주의 식민지하의
류큐(오키나와)와 대만
서벌턴 상호 간 주어(主語)화 시도와 연대적 주체화

노 병 호

1. 머리말

서벌턴은 '스스로' 재현(representation) 혹은 주체화할 수 있는가 없는가? 또는 주체화와 재현의 양태는 어떠한가? 이러한 거대한 문제제기에 대해 대부분의 논자들은 곤혹스러울 수밖에 없을 것이다. 그럼에도 주체화와 재현의 단초를 논하고 입구를 안내하는 것은 가능하다고 생각한다.[1]

---

[1] 최근 서벌턴에 관한 심층적인 연구로는 김경희 외, 『서벌턴의 재현과 주체화』(일본사회의 서벌턴 연구 6)(제이앤씨, 2024)에서 시도되고 있다. 서벌턴 문제를 심화시켰으나 주체화에 부정적인 입장으로 스피박을 논한 시각으로는, 진태원, 『한겨레신문』 2019년 10월 19일 기사 「'서발턴'은 정치 주체가 될 수 있

하지만 '주체화와 표상'에 진입하기 직전, 서벌턴이 자신 외에 또다른 서벌턴(편의적으로 '제2차서벌턴'이라고 칭하자)과 대면하였을 경우, 서벌턴은 어쩌면 희망적·미래적인 '주체화와 재현'의 문제보다는, 자신도 서벌턴으로서 당면한 응급적 상황을 타개하기 위해, 혹은 서벌턴의 안티테제에 대한 동경에서, 즉자적 그리고 대자적으로 자신 및 제2차서벌턴을 규정하기도 한다. 요컨대 서벌턴은 제2차서벌턴에 직면하여 일단 자신도 서벌턴이라는 상황을 외면하고(하지만 쉽게 벗어날 수 있는 문제가 아니다), 제2차서벌턴에 대하여 자신을 마치 지배계급·상위자·착취계급·제1계급인 것처럼 행동하는 경우가 발생한다.

같은 서벌턴으로서의 동병상련(同病相憐) 혹은 같이 걱정해주는 동우상구(同憂相求)보다는 당장의 상황을 해결하는 방향으로 휩쓸리기 쉽다. 또한 가능하다면 지배계급과 비슷한 입장에 서고 싶다는 유혹에 휘말린다. 이때 서벌턴은 제2차서벌턴에게는 지배계급·제1계급으로 비춰질 것이다. 이 경우 서벌턴의 서벌턴으로서의 상황은 전혀 개선되지 않거나, 개선된 것처럼 보인다 해도 그 외곽의 경계를 뚫는 것은 결코 용이하지 않다.

본문에서 검토하게 될 류큐(오키나와)[2] 對 식민지 대만의 관계가 이를 전형적으로 시사한다. 더욱 복잡한 건 류큐(오키나와)에게 제2차

는가?」이 중 특히 김경희 외) 저서는 이 문제에 관한 해답을 직접 언급하려 하지 않고, 서벌턴과 주체화와 관련된 여러 사례들을 분석하여, 보다 다층적으로 이 문제에 접근할 수 있는 힌트를 제공하고 있다.

2　琉球(沖繩) 혹은 琉球沖繩라는 표식 자체에도 류큐의 역사와 자의식·타의식의 변모를 시사하고 있다.

서벌턴인 대만에게 류큐(오키나와)는 지배계급인 동시에, 대만의 입장에서는 류큐(오키나와)가 오히려 제2차서벌턴이 될 수도 있다는 점이다. 상황은 상당히 복잡하다.

이러한 복잡한 상황이 발생하는 이유는 일본제국주의자들이 예상했던 것보다 지배하기 힘들었던 대만, 이런 곤란을 타개하기 위해 대만의 고산지대 등 험지에서는 류큐(오키나와)인을 앞세워야 할 필요성, 그리고 대만인들조차도 류큐(오키나와)를 서벌턴에 머무르게 하려는 동학, 평면적으로는 대국(大國)이라고 할 수 없는 대만이 역사적·사회문화적·지형적·언어적으로 훨씬 다양하고, 복잡하며, 난해한 국가이기 때문이다.

본고는 바로 그 복잡함과 난해함에서 파생되는 류큐(오키나와)와 대만의 상호관계를 서벌턴과 제2차서벌턴적 관점[3]에서 이해하려는 시도다. 나아가 공통된 서벌턴적 입장을 어떻게 타개해 나가야 할지에 대한 졸견을 간단하게 언급하고자 한다.

본고의 전제는 세가지다. 하나는 대일본제국에 의한 '류큐의 오키나아화' 과정 이해, 두 번째는 대일본제국주의·류큐(오키나와)에 의한 대만 식민지화와 식민통치 내용과 성격, 세 번째로는 작고 좁은 섬이라는 대만에 대한 우리 인식 속의 오리엔탈리즘과 왜곡된 인식을 수정하는 것. 즉 대만을 제대로 알아야 한다는 것이다.

순서와 무관하게 이 세가지 문제의식은 본고의 전체를 관통하는 핵심적 기축이다.

---

3 여기서 2차서벌턴이란 서벌턴에 의한 다른 공동체의 서벌턴화를 칭한다. 필자의 자의적인 조어다.

2. 류큐(오키나와)의 對 대만 주어화 조건

　기존의 조공관계적 관념에서 탈피하여 일본이 제국주의의 첫발을 내디딘 타깃은 류큐왕국(琉球王国)이었다. 1871년 메이지정부는 폐번치현(廃藩置県)을 구실로 류큐왕국을 일본령화한다. 이로써 류큐왕조는 종언을 고했다.(류큐처분) 1872년에는 류큐번(琉球藩)을 두었다.

　다음 타깃은 대만이었다. 1874년 메이지정부는 이미 3년이나 지난 사건인 류큐(琉球)의 미야코지마(宮古島) 어민 등이 대만 동남지역에서 조난하여 54명의 미야코지마 도민이 대만 근해에서 난파하여 대만 원주민에 의해 학살된 사건(미야코지마도민조난사건)의 책임을 묻는다는 구실로 1874년 5월에서 6월까지 대만에 군대를 파견하여 대만에 대한 야욕을 드러냈다.(대만출병 혹은 정대(征台)의 역) 이후 메이지정부는 1879년 류큐번을 폐하고 오키나와현(沖縄県)으로 개명하여 일본의 지방정부화함으로써 일본으로의 귀속을 완성했다.

　한편 이러한 일본의 동향에 대해 청나라는 이의를 제기했다. 1885년 대청제국은 대만성(台湾省, 1885~1895)을 신설하여 본격적으로 대만을 통치하기 시작했다. 1887년에 기륭과 타이뻬이간 철도를 부설할 정도로 적극적이었다.

　그러나 청나라는 청일전쟁에서 패배했고, 1895년 4월 17일 시모노세키조약으로 대만을 일본에 넘겨줌과 동시에 일본제국주의의 비약적인 성장에 기여할 만큼 많은 배상금을 지불했다. 과거 청나라와 류큐왕국과의 조공관계도 이미 끊어진 상황이었다.

　일본의 대만통치는 순탄하지 않았다. 일본이 대만 전역을 지배

(고산지대는 형식적 지배에 머무름)하게 되기까지 5개월이라는 시간을 필
요로 했다. 1895년 5월 24일 대만 총독 겸 군사령관에 임명된 해군
대장 가바야마 스케노리(樺山資紀)는 요코하마호에 탑승하여 대만으
로 향한다. 천황 최측근 정예부대인 고노에사단(近衛師団)은 5월 29
일 오저(澳低)에 상륙했다. 고노에사단은 6월 7일에는 타이뻬이성에
무혈입성했다. 증파된 혼성제4여단도 대만에 도착했으며, 히시지
마(比志島)의 혼성지대(混成支隊)는 청일간의 강화교섭이 진행중인 3월
24일 이미 대만해협의 남서쪽에 있는 팽호제도를 점령했다.

6월 17일 초대총독 가바야마는 청나라 대만성의 최고 관청인 순
무아문(巡撫衙門) 광장에서 '시정식(始政式)'을 거행했다.

시모노세키조약이 체결된 직후인 1895년 5월 24일 대만의 군관
민은 「대만민주국(台湾民主国)」을 건국했지만, 상기 고노에사단을 이
끄는 기타시라가와노미야 요시히사(北白川宮能久)에 패배하여 지도자
들은 대륙으로 도망했다. 대만민주국은 동년 10월 23일 공식적으
로 소멸했다.

19세기말 대만인구는 원주민 약 45만, 중국대륙으로부터의 이
민과 평지의 원주민 평포족과의 혼혈 255만명으로 총 300만여명
이었다. 현재 대만의 수도는 타이뻬이지만, 당시 타이뻬이는 1894년
4월에 수도가 된 신개척지로서 대부분의 주민은 중부와 남부에 촌
락을 이루며 살고 있었다. 17세기로부터 유입되기 시작한 한민족
계열은 원주민과 혼혈하거나, 원주민을 내륙과 고산지역으로 밀어
내면서 수세대에 걸쳐 각지에 지역사회를 형성했다.[4]

요컨대 한족, 한족과 평보족과의 혼혈, 평포족. 이들의 지역적 분

포 및 관계로 인해 복잡한 대만 서부 및 중부와 남부. 일본군은 이들 지역을 차츰 점령해 간 것이다.

이 당시 대만평정에 참가한 고노에사단의 이시미쓰 마키요(石光真清) 중위는[5] '대만평정' 과정에서의 경험을 이렇게 기록하고 있다.

> "여자를 죽여봤자 별로 도움이 안돼. 사체를 남겨놓으면 주민의 원성만 높아진다"
> 내가 이렇게 부하들을 혼내자, 부하는 찌르기를 주저하고 군화로 여자를 밟고 지나갔다. 대만 전투에 참여하여 여성의 시체를 쉽게 목격했다. 이를 볼 때마다 대만 주민의 일본군에 대한 증오가 얼마나 강한지 알게되었다. 이후의 점령과정이 결코 용이하지 않을 것이라고 느꼈다.

11월 18일 대만총독부는 대만섬 전도의 평정완료선언을 한다. 이때까지의 전투를 청나라는 을미전쟁(乙未戦争), 일본은 대만평정, 대만진정(台湾鎮定), 대만정토(台湾征討)라 부른다.

그러나 일본이 장악한 지역은 서쪽 평지에 한정되었다. 주로 한족과 평포족의 거주지. 이 지역에서의 반항조차 11월 18일의 전도 평정선언에도 불구하고 끝난 것은 아니었다. 일본제국주의의 팽창 야욕, 일본 식민통치의 근대성 시현, 마지막으로 대만 자체에 대한 일본통치의 완성을 위해 일본은 대만의 '형식적인 근대화' 혹은 군

---

4 胎中千鶴(2019) 『台湾』, 清水書院, pp.30-34.
5 石光真清(1978) 『城下の人』, 中公文庫, p.287.

사적 용도로서 철도·도로·항만의 신축·개축, '황민화 정책'에 입각한 식민지교육의 필요를 느꼈다.

하지만 일본은 대만의 서쪽에서 대만 동쪽을 올려다 보았다. 대만의 동쪽에는 동아시아에서 가장 큰 산인 위산(玉山)을 포함한 표고 3,000미터급 산들 260여개가 즐비하여 일본의 시야를 가로막고 있었다. 아직 그 지역은 일본의 영향력이 거의 미치지 않는 천혜의 요새였다. 2024년 4월 3일 발생한 대만 대지진은 이 산들의 동쪽 해안에서 발생한 것으로 이 산이 만들어지는 과정 및 지진으로 인한 서쪽으로의 피해 차단에 이 산들이 갖는 중요성을 예증한다.

여전히 남겨진 이러한 난해한 숙제들(대부분이 많은 희생을 요구하는) 앞에서 일본은 이미 자신들의 영토로 편입한 오키나와를 주목하게 되었고, 오키나와 또한 서벌턴이라는 자신의 처지를 극복하기 위해 새로운 프론티어가 필요했다. 공동의 무대는 물론 대만이었다. 구체적으로 대만의 각 공사 현장에서, 교육 현장에서, 사창가에서, 그리고 경찰관으로. 일본의 대만통치에 가장 중요하고 어려운 과제는 동쪽으로 즐비한 3,000미터 이상급 산속 밀림에 사는 대만의 원주민인 고산 민족들(高山族, 다카사고족(高砂族))을 평정하여 어떻게 황민화할까였는데, 그들이 발견한 건 류큐(오키나와)였던 것이다.

3. 대만은 정의(定義)가 가능할까?

국제정치학에서 미국과 새로이 부상하기 시작한 아니 이미 부상

161

해 있는 G2 중국. 이 양국의 격전지로 항상 '대만해협 위기'가 강조되며, 대만은 종속변수로서만 취급된다. 대만의 목소리는 없고, 대만의 대응도 없고, 대만이라는 섬의 군사적 의미도 언급하지 않고, 대만의 태세도 사상한 채 2024년 현재에도 마치 대만은 양국의 서벌턴처럼 무시되거나 경시된다. 대만인의 목소리를 도무지 들을 수가 없다.

이러한 상황은 대만을 경험하지 않은 많은 일반 한국인들의 마음속에서도 마찬가지일 것 같다. 그저 아주 작은 섬나라. 기껏해야 '충청남북도를 합한 정도로 작은 면적'. 유명한 관광지가 몇 곳 있을 뿐인 나라. 한국인들에게 보이는 건 대만 저편의 중국대륙. 그러나 대만의 높은 산에 중국대륙도 보이지 않을 수 있다는 점은 간과하다.

그러나 쉽지 않다. 먼저 대만인의 구성. 한족계가 98%, 나머지 2%가 원주민. 한족계는 객가인(客家人)이 15%, 복건성 계열(福佬人) 70%, 외성인(外省人) 13%. 원주민(原住民)이 2%.[6] 대체로 이 비율은 유지되고 있다.

2%에 불과한 원주민도 최소 16개로 구성되어 있고 이를 더 세분하기도 한다. 이 원주민들이 폴리네시아 계열 원주민들의 원형이라는 설도 있고 후예라는 설도 존재한다. 주장이 일치하지 않는다.

또한 대만인의 유전자는 한족의 유전자가 강하다는 입장과 한족과 원주민 특히 평포족과의 혼혈로 인해 대만인의 유전자는 한족

---

6 林媽利(2014)『我們流著不同的血液』, 前衛出版社, pp.1-256.

과 매우 다르다는 주장도 제기되는 상황이다. 즉 여전히 한족의 유전자가 강하다라는 입장, 원주민과의 혼혈로 인해 한족의 유전자가 사라졌다는 입장으로 나뉜다.[7]

우야마 다쿠에이(宇山卓栄)는 (본인이 일본 우파임에도) 일본 우파와 대만 민족파가 주장하는 '대만인의 유전자는 한족과는 다르다는 입장'을 비판하고 있다. 반대로 심건덕(沈建德)은 『台湾常識』『台湾血統』에서 대만인의 유전자는 한족과는 다르다는 점을 강조하고 있다.[8] 2019년 10월 19일 한겨레신문은 「한국인과 베트남·대만인의 유전적 조상 거의 같다」는 UNIST의 분석을 소개하고 있다.[9] 하지만 이 기사는 '대만인'이 누구인가라는 점에서부터 길을 잃게 만든다.

다음은 대만의 지형. 일본제국주의 시대 '일본의 가장 높은 산'이라고 세계에 자랑한 산은 후지산(富士山, 표고 3,776미터)이 아니라, 대만에 소재하는 위산(玉山, 표고 3,952미터)이다. 대만에 3,000미터가 넘는 산의 총수는 268개, 후지산보다 높은 산만 7개다. 3,000미터가 넘는 일본의 산은 총 21개.

7 「それでも「台湾人は中国人ではない」と主張するのは無理がある」,
  https://gendai.media/articles/-/97080?page=2 (2024.4.3. 검색)
  혹은 宇山卓栄, 『民族と文明で読み解く大アジア史』, 講談社, pp.1-304.
8 https://ameblo.jp/superfine009/entry-11315153686.html(2024.4.3. 검색) 주4
  의 林媽利도 같은 입장을 취한다.
9 https://www.hani.co.kr/arti/science/science_general/780973.html(2024.4.3.
  검색)

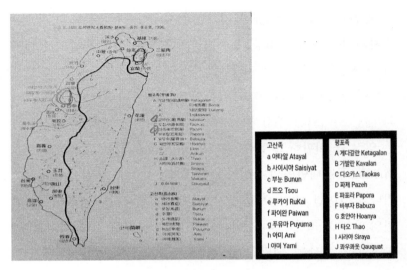

고산족
a 아타얄 Atayal
b 사이시야 Saisiyat
c 부눈 Bunun
d 쯔오 Tsou
e 루카이 RuKai
f 파이완 Paiwan
g 푸유마 Puyuma
h 아미 Ami
I 야미 Yami

평포족
A 게다갈란 Ketagalan
B 가발란 Kavalan
C 다오카스 Taokas
D 파제 Pazeh
E 파포라 Papora
F 바부자 Babuza
G 호안야 Hoanya
H 타오 Thao
I 시라야 Siraya
J 콰우콰웃 Qauquat

〈그림1〉 대만의 원주민 분포도[10]

　본고에서 지형적인 상황을 소개하는 것은 대만의 남북을 관통하고, 대만 면적의 3분의 2를 구성하는 산지, 그리고 접근이 매우 힘들고 산소도 부족한 3,000미터급 산들이 즐비하다는 것은, 고산족이라 부르는 민족이 병렬적으로 존재할 수 있는 기반이라는 점, 그리고 일본제국주의의 지배하에서 매우 강력한 저항의 거점 혹은 기지가 될 수 있다는 점을 강조하기 싶기 때문이다. 식민지 조선의 경우 만주 등 해외 각지에서 항일 저항운동을 해야 했지만, 적어도 대만에는 높은 산악지형이 이러한 역할을 담당했다고 생각된다.

10　주완요 저, 순준식 · 신미정 옮김(2003)『대만 아름다운 섬 슬픈 역사』, 신구문화사, p.37.

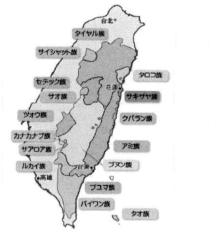

〈그림2〉 대만 16개소수민족 분포와 인구[11]

　　대만에 대한 정의(定義)를 어렵게 만드는 또다른 이유는 포루투갈
어 아름다운 섬(Ilha Formosa, 美麗島)과도 연관된 대만의 역사 자체에
있다. 이 작은 섬의 역사 이해 또한 그리 간단치 않다. 본고의 이해
에 필요한 부분만 간단히 소개한다.

　　사람의 거주라는 인류학적인 측면이 아니라 역사 이해에 필요한
'기록문자 혹은 문명'이라는 점에서 본다면 대만의 역사는 길다고
말할 수 없다. 1624년 이전에는 오스트로네시아 어족에 속하는 20여
개 이상의 선주민족이 살았고, 1624년에서 1662년간에는 포루투
갈 선박이 처음으로 상륙하여 '아름다운 섬'을 알렸다. 그러나 최

11　台湾少数民族(原住民), https://www.nikomaru.jp/taiwan/indigenous(2024.4.3.
　　검색)

초로 영유했던 국가는 네델란드의 동인도회사. 네델란드는 일본 나가사키의 데지마(出島)와는 전혀 다른 차원의 準국가를 대만 남부 현재 타이난(台南)을 중심으로 세웠다. 1642년에는 스페인 세력을 구축했다. 그러나 1662년 '反淸復明'을 외치며 청나라에 저항한 정성공(鄭成功)은 청나라에 반격할 거점 확보를 위해 대만의 네델란드 점령지를 공격하여 네델란드를 구축했다. 1662년에 시작된 정성공 시대의 대만은 1683년 청나라의 공격으로 끝났다.

청나라는 대만에 1府(台湾) 3県(台南, 高雄, 嘉義)을 둔 후 복건성(福建省)이 통치하게 하였다. 이 시기 복건성·광동성의 漢민족들이 다수 대만에 이주했다. 이들은 타이난 부근에서 서서히 북상했다. 19세기에는 타이뻬이 부근까지 개발했다. 이들은 대만 평지의 원주민인 평포족과 싸우고 섞이면서 결국 평포족을 한족화했다. 혹은 한족이 평포족화했다고도 볼 수도 있다.

그러나 대만 또한 19세기 제국주의 열강의 동아시아 침략에서 벗어날 수 없었고, 결국 1895년 제국주의 열강에 편승한 일본의 일부가 되었다. 일본의 패망 이후에는 외성인들이 정부의 요직을 차지했고, 외성인들에 의해 대만의 주인들은 2등국민으로 전락해 차별과 착취를 당했다. 대만 본성인들 사이에 회자된 '구거저래(狗去豬來)' 즉 "개가 떠나니 돼지가 왔다"는 말은 본성인들의 외성인들에 대한 인식을 보여준다. 이의 폭발이 1947년 2월의 시위이고 경찰은 2월 28일 이들에게 발포하면서 상황은 비극으로 끝났다. 1949년 5월 20일 국민정부는 대만성에 계엄령을 선포했고, 동년 12월 7일 국민정부는 타이뻬이로 수도를 옮겨(국부천대, 國府遷臺) 대만=중화민국이 되었다. 계엄령은 1987년 7월 15일에 끝났다. 무려 38년 동안 계엄상태였다.

이러한 대만의 역사에서 본다면 일본의 대만통치 50여년은 길다 면 길다고도 말할 수 있을 것이다. 그러나 사회학적 · 인류학적 · 언어학적 다양성의 측면에서 본다면 정의하기 어려운 대만섬에 또다른 몇몇 객관식 숙제를 남긴 것에 불과하다고 말할 수 있다.

4. 상호 주어화의 제 양태

4.1 일본 황족의 대만오키나와 방문: 두 서벌턴의 외적 액용선(隘勇線)

일본 황족중 처음으로 대만을 방문한 사람은 대만정벌을 위해 군대를 이끌고 온 기타시라가와노미야 요시히사(北白川宮能久親王)다. 그는 제4사단장으로 1895년 대만에 출정했다. 그러나 동년 10월 28일 말라리아로 사망. 그의 사망원인은 숨겨진 채 대만총독부에 의해 대만신궁(대만신사)의 주신으로 받들어진다.

일본 황족의 두 번째 대만 방문은 간인노미야 고토히토(閑院宮載仁)다. 그의 구체적인 일정에 대해서는 좀 더 확인이 필요해 보이나, 대만총독부앞에서 찍은 사진을 활용한 엽서가 시사하는 바와 같이 1909년 혹은 그 이전일 것으로 추측된다.

167

〈그림3〉 대만총독부 관저에서 간인노미야 고토히토(院宮載仁親王) 1909년 엽서[12]

　세번째는 히로히토 황태자다. 이후 천황이 된 히로히토의 전쟁 책임에 대해서는 2024년 현재의 일본에서도 많은 논의가 있다. 그 방대한 논의를 본고에서 정리할 수는 없다. 다만 그의 공식적인 통치행위를 쇼와(昭和) 1년인 1926년 12월 25일부터 잡는 것은 문제가 있다. 1901년 4월 29일 태어난 히로히토는 다이쇼천황(大正天皇) 요시히토(嘉仁)의 뇌질환[13]이 심해져 사실상 생후 16년째인 1916년 섭정(摂政)에 취임하여 유럽 등 각지를 시찰(행계, 교케이, 行啓)한다. 히로히토는 1923년 4월 16일부터 4월 27일까지 기룽(基隆), 타이삐이, 신추(新竹), 타이추(台中), 타이난(台南), 가오슝(高雄) 등을 시찰한다. 이는 대만 남북을 잇는 대만철도 종관선(縱貫線) 완공에 따른 이동으로 일본의 대만통치의 위업을 시연하기 위한 행위였다.
　종관선(縱貫線)의 전체적인 기획자는 하세가와 긴스케(長谷川謹介)[14]로

12　Yahoo Japan에서 검색 가능하다.
13　杉下守弘(2012)「大正天皇(1879~1926)の御病気に関する文献的考察」『認知神経科学』14(1), 認知神経科学会, pp.51-67.
14　長谷川博士伝編纂会編(1937)『工学博士長谷川謹介伝』, 長谷川博士伝編纂会.

알려져 있지만, 식민지 대만의 철도건설에 추가되어야 할 또다른 인물로는 오키나와 출신으로 교토제국대학 공학부를 졸업한 데루야 히로시(照屋宏)[15]가 있다. 데루야는 오키나와인이라는 한계를 극복하고 일본제국주의의 식민지 경영 특히 철도 건설에 크게 기여한다.

〈그림3〉 섭정 히로히토의 대만 방문[16]

지금까지 언급한 내용에서 본다면 일본의 대만통치가 대체로 순조로운 것처럼 보인다. 그러나 이는 사실과 다르다. 일본은 위에 열거한 사업들을 완성하기 위하여 수많은 항일운동(청나라 영향력 하의 인물들에 의한 저항, 그리고 고산족 원주민들의 지속적인 항일게릴라전)을 진압해야했다. 그래서 만든 법령이 비도형벌령이다.

1898년 11월 5일 대만 총독 고다마 겐타로(児玉源太郎)는 타이완의 저항에 직면하여 법령 비도형벌령(匪徒刑罰令)을 제정했다. 제정 후

---

15 蔡龍保(2016・3)「日本統治期における台湾総督府鉄道部の南進政策」『立教經濟學研究』69(5), pp.1-24.
16 「知られざる日本史 皇太子『台湾行啓』をたどる」,
    https://www.nippon.com/ja/column/g00463/?pnum=2 (2024.4.3. 검색)

11월 7일 천황에 상주(上奏)하여 12월 19일 재가.[17] 이 율령의 내용
은 다음과 같다.(6, 7조 생략)

제1조 목적이 무엇이든 폭행 또는 협박으로 목적을 달성하기 위
해 다중결합(多衆結合)하려는 비도(匪徒)의 죄를 묻고 이렇게 처단
한다.
　一　　수괴(首魁)와 교사자(教唆者)는 사형
　二　　모의에 참여하거나 또는 지휘를 행하는 자는 사형
　三　　부화수종(附和隨從)하거나 또는 잡역(雜役)을 담당하는
　　　　자는 유기의 도형(有期徒刑) 또는 중징역(重懲役)
제2조 전기 제3호에 기재한 비도가 아래와 같은 소행을 벌일 때
사형
　一　　관리 또는 군대에 저항(抗敵)할 때
　二　　방화로 건조물, 기차, 선박, 교량을 훼손할 때
　三　　방화로 산림, 논밭의 대나무, 나무, 곡식, 보리 또는 쌓여
　　　　있는 잡초 기차 물건을 불태우는 경우
　四　　철도 또는 그 표식, 등대 또는 부표를 훼손하거나, 기차,
　　　　선박의 왕래에 위험을 가하는 경우
　五　　우편, 전신, 전화 용도에 사용되는 물건을 파괴하거나 다
　　　　른 방법으로 그 교통을 방해하는 행위
　六　　사람을 살상하거나 또는 부녀를 강간하는 행위
　七　　사람을 약취하거나 또는 그 재물을 약탈하는 행위
제3조 앞의 조항의 죄는 미수범일 경우에는 잉본형(仍本刑)
제4조 병기, 탄약, 선박, 금과 곡식, 기타 물건을 자급(資給)하거나
회합의 장소를 급여하거나 그밖의 행위로 비도(匪徒)를 방조(幇
助)하는 자는 사형 또는 무기도형(無期徒刑)
제5조 비도를 은닉(藏匿)하거나 또는 은폐하거나 또는 비도의 죄
를 벗어나게 하려는 자는 유기도형(有期徒刑) 또는 중징역

---

17 「台湾匪徒刑罰令ヲ定ム」JACAR(アジア歴史資料センター)Ref.A01200876000、
　公文類聚・第二十二編・明治三十一年・第三十巻・司法三・民事三(民法三~戸
　籍附国籍)・刑事(国立公文書館)
　이 법령으로 인한 대만인 사망자는 1만 1,950명이라고 한다.(又吉盛清(1990)
　『日本植民地下の台湾と沖縄』, 沖縄アキ書房, p.152)

일본 본국에 비해서 대만 통치가 얼마나 가혹했는지 혹은 대만인의 저항이 얼마나 강했는지 알 수 있는 법령으로서, 이 법령 외에도 이미 30년 전인 1872년 일본에서는 사라진 태형이 1904년 1월 12일 「罰金及笞刑処分例」(明治37年律令第1号)로 부활한다.

4.2 식민화된 류큐(오키나와)의 대만관

패전 후 식민지 포함 외국에서 일본 본토로 돌아온 일본인은 군인·군속 약 311만명, 민간인 약 329만명. 여기에는 미군 점령하의 오키나와에서 내지로 귀환한 자도 포함된다. 오키나와에서는 5만 7천여명의 군인·군속과 민간인 2,400여명이 귀환했다. 대만에서는 15만 7천여명의 군인·군속과 32만여명의 민간인 총 약 48만명 정도가 귀환했다.

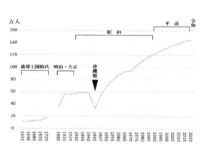

海外からの引き揚げ者数 (地域別内訳)

	軍人・軍属	民間人	管轄連合軍
計	3,107,411	3,199,835	
旧ソ連	453,787	19,179	旧ソ連
満洲	41,916	1,003,609	旧ソ連
大連	10,917	215,037	旧ソ連
千島・南樺太	16,006	277,568	旧ソ連
北朝鮮	25,391	297,194	旧ソ連
韓国	181,209	416,110	米国
中国	1,044,460	497,374	中国
台湾	157,388	322,156	中国
香港	14,285	5,062	英国
仏領印度支那	28,710	3,593	英国・中国など
比島	108,912	24,211	米国
蘭領東印度	14,129	1,464	英国・オーストラリアなど
東南アジア	655,330	56,177	英国
オーストラリア	130,398	8,446	オーストラリア
ニュージーランド	391	406	オーストラリア
ハワイ	3,349	310	米国
沖縄	57,364	12,052	米国
本土隣接諸島	60,007	2,382	米国
太平洋諸島	103,462	27,506	米国

図1　近世以降の人口の推移
近世期 (1632-1880年) の人口データは田名真之 1997 『沖縄近世史の諸相』ひるぎ社 (262-263頁) による。1920年以降は国勢調査結果による。

〈그림4〉 패전후 귀환(引き揚げ)자 총수[18] 및 오키나와의 인구변화[19]

패전 직후 많은 일본인들이 속속 귀국했다. 그러나 오키나와인은 달랐다. 오키나와에는 1945년 4월 1일 오키나와에 상륙한 미군에 의해 류큐열도미국군정부(琉球列島米国軍政府)가 설치되었다. 4월 5일 미국의 해군원수 니미츠(Chester William Nimitz)에 의한「미국해군군정부포고제1호, 니미츠포고」로 아마미오시마(奄美大島) 이하를 일본 본토로부터 분리했다. 미군은 이 분리된 지역의 장기적 통치를 위해 1950년 류큐열도미국민정부(琉球列島米国民政府, USCAR, United States Civil Administration of the Ryukyu Islands)라는 민간정부를 두었다. 즉 류큐열도는 내지와 분리되었으며, 그 왕래에도 비자가 필요했다.

상기 오른쪽 표를 보면 오키나와의 인구는 1945년 전후 급격히 줄어든다. 그 이유는 오키나와인들이 전화를 피하여 대만으로 역 피난하거나, 미군의 공습으로 많은 오키나와인을 포함한 다수의 일본인들이 사망하거나, 패전 직후 일본인들이 내지로 귀국한 때문이다.

한편 오키나와인 총 3만에서 3만 5천명이 대만에 체류하고 있었다.(이 중 1만 5,000여명이 태평양전쟁 중 오키나와에서 대만으로 피난한 사람이다) 이들 오키나와인은 미군에 의해 일본인과는 다른 법적 지위를 부여받았다. 때문에 일본인이 귀국한 후에도 오키나와인은 대만에 류쿄(琉僑)라는 이름으로 그대로 체류했다.[20]

---

18 「引き揚のはじまり」,
　　https://m-hikiage-museum.jp/education/hajimari.html(2024.4.3. 검색)
19 【国際博物館の日2021】沖縄1万年の人口史,
　　https://okimu.jp/museum/column/1620690854/ (2024.4.3. 검색)
20 「沖縄出身者は「琉僑」と区別され、日本人引き揚げ後も台湾に」,
　　https://mainichi.jp/articles/20211026/k00/00m/030/303000c(2024.4.3.검색)

이러한 사실에 입각하면 15,000여명의 전쟁 피난자를 제외하면, 나머지 15,000명에서 20,000여명의 오키나와인들이 일본의 식민지가 된 대만에 상시적으로 거주하고 있었다고 해석할 수 있다.

앞서도 언급한 것처럼 일본의 대만 식민지화의 명분은 미야코지마선박 좌초와 대만원주민에 의한 살해사건이었다. 즉 일본제국주의의 대만침략의 구실은 대만과 열도 중간에 있는 류큐(오키나와)였던 것이다.

오키나와인들은 '근대화'라는 일본통치의 영향을 받아서 혹은 황민화교육의 영향을 받아서 일본인과 똑같은 지위에 오르고 싶다는 욕망을 갖게 되었다. 경찰관 혹은 교원으로서 대만 식민지화의 중요한 한 축을 담당했다. 오키나와에서의 삶이 궁핍하고 사회적 지위도 낮은 사람들은, 어민으로서 혹은 물건을 팔면서 혹은 창기(娼妓)로서 일본의 식민지통치 시스템이 기능하도록 주어진 역할을 수행했다.

하지만 경찰(순사)와 교원, 토목인처럼 상대적으로 지위가 높은 오키나와인들도 오키나와와 내지와의 관계 즉 서벌턴적 구조에서 해방된 것은 아니었다. 비록 비교적 안정된 지위에 있다고 하더라도 대만의 고산지역에서 목숨을 걸고 접전을 벌이지 않으면 안되었다. 다른 일본인들과 달리 근무지 이동도 쉽지 않았다.

다음 지도[21]는 류큐(오키나와)와 대만의 관계 연구의 기초를 닦은 마타요시 세이키요(又吉盛清)에 의해 작성된 것으로, 각 선이 가리키

---

21 又吉盛清(2018). p.3.

는 지역과 설명은 모두 류큐(오키나와)에 관련된 사항을 암시한다. 마타
요시의 저작이 1990년 최초로 간행되었을 때의 제목 일부는 「台湾と
沖縄」였지만 2018년에는 「琉球沖縄と台湾」으로 수정되었다. 1990년
의 제목은 희생자로서의 대만을 강조하는 의미가 있고, 후자는 부
제로 「これから東アジアを平和的に生きる道」를 추가하여 오키나와인
이 능동적으로 주체화하여 선도적으로 대만과 류큐오키나와와의
관계를 구축해나갈 것을 시사한다.

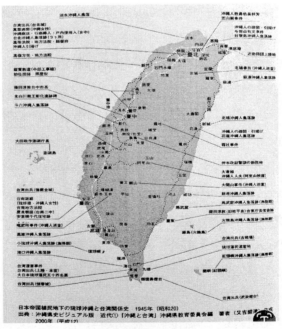

〈그림5〉「日本帝国植民地下の琉球沖縄と台湾関係史」, 又吉盛清, 2018, p.3.

이 지도의 점들은 대만에서 발생했던 혹은 존재했던 류큐오키나와인과 대만이 연계된 여러 사건·사항들을 표시한 것이다. 본고에서 이 지도와 관련된 수많은 인물, 사건, 콘텍스트를 설명할 수는 없다. 왜냐하면 점 하나하나가 모두 중요한 연구테마이며, 일본의 연구뿐만이 아니라, 오키나와인에 의한 연구, 대만인에 의한 연구를 망라한 다층적 연구와 연구역량이 필요하기 때문이다. 그럼에도 불구하고 본고에서 이 지도를 실은 이유는 일본의 대만식민통치기에 류큐(오키나와)가 식민통치에 얼마나 큰 역할을 했는지를 보여주고 싶었기 때문이다.

메이지정부에게 대만과 내지 사이에 위치하는 오키나와는 대만 식민지 지배의 중계기지이자, 군사적 요충지였다. 또한 오키나와는 대만 험지에서의 식민화를 완성하기 위한 인적 자원의 조달처이기도 했다.

1927년 『台湾時報』 8월호에 따르면 1926년 대만으로의 도항자 순위 중 오키나와는 전국 3위였다. 직종은 무직 783명, 수산업 643, 상업 571, 기타 36명, 공무 및 자유업 150명. 1930년에 대만에 거주하는 오키나와인은 7,442명으로 내지인 총 22만 1,808명의 3.3%. 이 당시 오키나와의 인구가 57만 7천명이었으므로 오키나와인의 1.3%가 대만에 있었다. 1943년 대만 거주 일본인은 40만 정도로 대만 총인구 660만명의 6%였다.[22]

---

22 又吉盛清(1990), p.23, pp.45-50.

〈그림6〉 出草人頭[23]　　　　　　　　〈그림7〉 隘勇線[24]

　　대만 통치자였던 일본을 곤혹스럽게 만든 주역은 특히 고산지대 원주민들이었다. 원주민들은 숨쉬기도 힘든 고산에서 게릴라전술을 사용하여 저항했다. 아니 게릴라 전술이라기 보다는 그들의 지형에 적응한 그들의 유일한 저항법이라고 말하는 편이 좋을 것 같다. 출초습관(出草, 목을 베는 습관) 또한 통치자들을 괴롭혔다. 일본에도 막부와 藩, 쇼군(将軍)과 다이묘(大名), 그 아래로 10개가 넘는 무사의 서열이 존재했다고. 전 인구의 10%를 사무라이가 차지했다. 니토베 이나조(新渡戸稲造)의『武士道』와「斬り捨て御免」등의 문화 및 참수형이 존재했다. 그러나 일본인 자신들이 대만 원주민들의 출초 대상이 된 것이다. 매우 공포스럽고 곤혹스러웠을 것이라고 짐작된다.

　　여기서 대만 원주민들의 목을 베는 습관 출초(出草, 首狩)에 대해 좀 더 설명할 필요가 있다.

23　台湾蔵典, https://catalog.digitalarchives.tw/item/00/5e/4a/64.html(2024.4.3.
　　검색)
24　台湾記憶展覧, https://tme.ncl.edu.tw/tw/ (2024.4.3. 검색)

여러 주장이 있다. 그러나 조상에 대한 의식과 관련되어 있다는 입장이 유력하다.[25] 오가타 타로(大形太郎)[26]에 따르면, 장년이 되는 시기, 다툼의 옳고 그름을 결정하려 할 때, 악역(惡疫)을 없애려 할 때, 혐의를 풀고 원죄(冤罪)를 씻으려 할 때, 결혼할 여성을 둘러싸고 다툴 때, 자신의 무용(武勇)을 자랑하려 할 때, 흉조(凶兆)를 미연에 방지하려 할 때, 자신의 한을 풀고자 할 때, 사후 극락에 들어갈 자격을 얻으려 할 때 출초가 행해진다. "부족의 규율을 위반했을 때의 제재", 적대자인 경우 혹은 어떤 원한도 없는 제3자지만 다른 종족의 목을 벰으로써 부족 내에 문제가 파급되지 않도록 하는 경우에도 행해졌다.

이 출초습관 및 고산지대 원주민들의 강력한 저항을 방지하기 위해 그들의 하산을 막을 필요가 있었다. 이를 위해 대만총독부는 곳곳에 액용선이라는 철책을 2중 3중으로 설치하였다. 이 철책선에 따라서 일정한 거기를 두고 곳곳에 감시소와 경찰서를 배치했다.

---

25 布農語 : kanasan, 魯凱語 : waulri, 太魯閣語 : mdkrang, 賽夏語 : malakem, 阿美語 : militafad/mifitangal/milifongoh, 噶哈巫語 : atama taukan/mutep, 泰雅語 : mgaga, 賽德克語:lmaqi, 噶瑪蘭語 : sataban, 鄒語 : ozomu, 拉阿魯哇語: maruvuungu, 卡那卡那富語 : mu-iri, 排灣語 : djemulu, 撒奇萊雅語:mingayaw, 卑南語: mutralun 등 종족별로 다양한 명칭이 있으며, 대만원주민이 사람의 머리를 사냥하는 습관(獵首)의 별칭으로 사람의 머리를 베는 행위는 조상에게 제사를 지내기 위한 제물을 바치는 행위와 관련되어 있다.(https://zh.wikipedia.org/) 그러나 식인습관은 없었다는 것이 다수의 주장이다. 출초와 식인을 연계시키려는 것은 대만문명화의 사명의 논리라고 한다.
(日本台湾学会, https://jats.gr.jp/taikai/taipei046.html 및 河原功(2006 · 3)「日本統治下台湾での『検閲』の実態」『東洋文化』86号, 東京大学東洋文化研究所, pp. 165-214).
26 大形太郎(1942)『高砂族』, 育生社弘道閣, pp.1-322.

액용선의 설치 및 토벌 그리고 원주민의 하산을 방지하기 위한
대책은 목숨을 걸어야 하는 험한 일이었다. 앞에서 언급한 것처럼
일본의 식민통치자들은 필연적으로 오키나와인을 활용할 생각을
했을 것이다. 오키나와인의 입장에서도 제국의 질서에서 역할 혹
은 생계를 위한 대책이 필요했다. 설사 내지의 일본인과 같은 지위
에 설 수는 없어도, 가급적 좀 더 가까운 지점에서 야만적인 대만
원주민을 진압하고, 교육을 통해 문명을 전파해야한다는 역할을
'자각'하게 된 것이다.

이러한 사명을 가진 오키나와인의 대만 도항은 일본의 대만영유
직후부터 있었다. 오키나와인에게도 신영토인 대만과 팽호제도는
새로운 취업시장이었다. 오키나와인의 최초의 임무는 항일무장봉
기(한족×평포족이든, 고산족이든)를 진압하는 일로서 순사와 액용대원이
었다. 동시에 병사(兵舍), 도로, 병원, 항만, 철도부설의 인부로서. 또
한 식민지체제를 정신적인 면에서 강화하기 위한 동화정책과 황민화
정책의 첨병으로서. 즉 교원. 동시에 일본인 병사와 민간인을 성적으
로 서포트하는 매춘부가 오키나와인에게 부여된 임무였다. 이에 편
승하여 식민화 초기 타이뻬이로 건너가 거주하는 오키나와인은
4백명 내지 5백명. 1911년에는 1,000명. 1912년 이후에는 5,000명.
1930년에는 7,400여명. 패전 직전에는 오키나와로부터의 피난자
15,000여명을 제외해도 15,000~20,000명에 달했다.[27]

즉 여러 계층과 직역에 걸쳐서 대만은 기회였다. 상대적으로 통

27　又吉盛淸(1990), 앞의 책, p.51-55의 숫자를 기준으로 조정한 것이다.

치자와 가까운 이 오키나와인들은 대만을 하대했다.

대만에 대한 오키나와인들의 이러한 인식은 쇼와(昭和)기에 들어서도 변함이 없었다.[28] 오키나와는 선진지역으로서 오키나와가 대만에 뒤질 리 없다는 것이다. 대만총독부에 의한 '근대화'가 대만에서 더 빨리 진행되었음에도 불구하고, 오키나와에게 대만은 오키나와가 해외로 발전해 가기위한 '宝庫와 같은 섬'이었다.

이러한 사실은 다음과 같은 서열구조를 통해서도 알 수 있다. 즉 일본제국주의시대 즉 1895년에서 1945년까지 대만에서의 오키나와인의 서열은 '내지인' 다음이었다. 오키나와의 뒤에는 조선인이 있었고, 조선인 다음으로 가장 낮은 서열이 '대만인'이었다. 오키나와인들은 자신들이 조선인이나 대만인보다 상위에 있다는 점을 자랑스럽게 여기며, 대만인을 '4등국민', 'タイワンヌ(台湾奴, 필자)', 조선인을 'チョーセナー'라 부르며 경멸했다. 내지인들이 오키나와인들을 대만 및 조선인과 동일하게 취급할 때 "오키나와인은 일본인이다. 조선인·대만인과 다르다"고 항의하기도 하였다.

1895년 4월 교토 오카자키공원(岡崎公園)에서 열린 제4회 내국권업박람회에서 시작되어, 1903년 오사카에서 개최된 제5회 내국권업박람회에서 문제가 된 이른바 '인류관사건'. 그런데 인류관에 전시된 피식민지인들 중에 오키나와인이 포함되어 있었다. 오키나와는 크게 불만을 표명했다. 또한 1901년 지리과 그림책은 오키나와인을 아이누, '生蕃'와 일체시하였다. 이러한 제 사항들이 자신들을

---

28 又吉盛清(1990), 앞의 책, p.260-264.

일본이라고 생각한 오키나와인들에게는 매우 굴욕적인 것이었다.

그러나 오키나와와 대만의 발전의 정도의 차이가 커지자 오키나와는 애걸한다.[29] 오키나와가 일본을 위해 더 힘쓸테니 오키나와를 버리지 말아다오. 오키나와는 일본제국의 일부다. 오키나와 모두가 조국 일본의 영광스런 역사를 함게 만들어 갈 것이다.

즉 이런 태세를 취하는데 대만을 더 중시하는 것은 언어도단이라는 것이다.

4.3 대만인이 본 오키나와인

한국에서 가난의 상징을 표현하는 말은 '보릿고개'다. 그런데 이러한 가난의 오키나와식 표현법은 '소철지옥(ソテツ地獄)'이다. 메이지 말기부터 쇼와 초기에 걸친 오키나와의 경제공황상태. 이러한 상황에서 오키나와 주민들은 살아남기 위해 식물 소철의 열매나 줄기를 말려서 유독물질을 제거한 후 요리재료로 사용해서 먹어야 했다. 독이 제대로 제거되지 않으면 사망하기도 했다.

이러한 궁핍한 생활을 개선하기 위해 오키나와인들의 선택지는 섬 밖으로 나가는 것이었다. 대만은 그 중 한 곳이었다.

매춘부가 되거나 원주민들에게 출초될지 모르는 위험에도 불구하고 대만에서의 행상은 궁여지책이었다.

그런데 오키나와인 여성들의 문화로 현대어로는 타투로 부르지

---

29 又吉盛清(1990), 앞의 책, p.266.

만 오키나와어로는 하지치라고 하는 검은색 문신을 새기는 습관이
있었다. 독특한 헤어스타일인 가라지유이도 있었다.

주로 여성들인 오키나와인 행상은 하지치와 가라지유이 상태로
다녔기 때문에 눈에 띄기 쉬웠다. 이러한 오키나와 여성의 장식 혹
은 문화는 내지의 일본인이 오키나와을 열등시하고, 지탄하기 위
한 구실이기도 했다. 심지어 대만 거주 오키나와인들조차 이를 비
판하고 부끄러워했다. 하지치를 한 부인의 대만 도항을 금지시켜
야 한다는 주장도 있었다.

〈그림7〉 이레즈미(入れ墨, 류큐어 하지치ハジチ, 영어 타투(tattoo))[30][31] 가라지유이(琉装からじ結い)[32]

하지치는 1899년 청일전쟁후 풍속개량이라는 외침 속에 금지령이
내려졌다. 그러나 행상부인은 전혀 신경쓰지 않고 풍속을 유지했다.
하지치에 대한 집착은 쇼와 초기까지 이어졌다. 하지치를 한 행상부

30 「琉球の入れ墨「ハジチ」復興、自らの手で うちなー女性の誇り刻む」,
   https://ryukyushimpo.jp/news/entry-1499632.html(2024.4.3. 검색)
31 「대만원주민」, https://namu.wiki/(2024.4.3. 검색)
32 「沖縄の伝統的な髪型「沖縄からじ結い」と類杖土偶の 共通点を考える」,
   https://www.atpress.ne.jp/news/349007(2024.4.3. 검색)

인을 기이기관(奇異奇觀)한 것으로 경멸하고 차별한 것은 오키나와의 독자적인 역사와 문화에 대한 이해와 인식의 부족에서 나온 것이다. 문제는 차별·배제하는 측에 있었다. 그럼에도 불구하고 현실에서 본다면 이러한 행상부인의 모습이 식민지 대만에서의 오키나와인 차별의 소재로서 결정적 인상을 남겼고 오키나와인에 대한 편견과 차별을 증폭시킨 큰 원인이었다.[33]

요컨대 말라리아, 페스트, 콜레라, 장티푸스는 여전하고, 산에는 목을 베는 생번(生蕃)이 있으며, '首狩族', '野蕃', '蕃族', '未開地', '鬼が島'[34]라는 대 대만인식에 대한, 대만인들에 의한 역공격 혹은 대 이미지 보복의 타깃이 된 것이다.

이는 상호 경시가 교차하는 지점일뿐만 아니라 오키나와 여성행상의 목숨건 산행패션과 화장이기도 했다.

이를 더욱 악화시킨 것은 남성을 상대로 장사하는 여성이었다.[35] 최초로 대만에 건너온 일본의 매춘 여성은 1896년의 小花라고 알려졌다. 1903년에는 총 592명이 대만에 건너왔다. 그러나 일본의 대만영유 직후부터 이미 오키나와출신 매춘부(商売女, 琉球女)는 들어와 있었다.

---

33 又吉盛清(1990), 앞의 책, pp.54-56.
34 又吉盛清(1990), 앞의 책, p.54, p.317.
35 又吉盛清(1990), 앞의 책, pp.59-60, p.66. 1940년 전후에는 조선인 여성도 대만의 유곽시장에 등장했다고 한다.(동, p.69)

4.4 대만 고산족과 대만고사의용대

한편 대만 고산족이 보는 오키나와는 어떠했을까?

태평양전쟁 말기인 1945년 1월 대만에도 전면적 징병제가 시행되었다. 일본통치 마지막 8년 동안 20만 7,183명의 대만인이 일본의 전쟁에 동원되었다. 그 중 군인이 8만 433명, 군속은 12만 6,750명. 총 사망자수는 30,304명. 1944년 300명의 해군지원병이 순양함 호국호(護國号)를 타고 가다 미군 잠수함 공격으로 212명이 죽는 사고도 있었다.[36]

6만 1,591명이 남양제도에 파견되었는데 그 중 2,485명이 군인이었다. 나머지는 군속.

그런데 이 군속 중 1만명 이상이 고산족 특히 대만 북부 가장 넓은 산지를 차지하고 있던 태아족(泰雅, Atayal) 출신이었다. 군인이 아닌 군속임에도 불구하고 산악지형에서 단련된 육체적 능력과 자연에의 적응력은 전장에서도 발휘되었다. 이들은 일본군으로부터 능력을 인정받아 총 7회에 걸쳐서 특공대로 모집되어, 태평양전쟁이 진행되는 동안 남양제도에서 일본군 게릴라로서 탁월한 능력을 보여주었다. 이를 대만다카사고의용대(台湾高砂義勇隊)라 부른다.[37]

태평양전쟁 하에서 대만인 그리고 고산족은 똑같이 징용·징발

---

36 주완요(2003), 앞의 책, p.182.
37 大東和重(2020·2)「台湾の歴史と文化 六つの時代が織りなす「美麗島」」, 中央公論新社, pp.27-29; 菊池一隆(2018)『日本軍ゲリラ 台湾高砂義勇隊』, 平凡社, pp.1-216; 菊池一隆(2017)『台湾北部タイヤル族から見た近現代史—日本植民地時代から国民党政権時代の「白色テロ」へ」, 集広舎, pp.1-354.

되어 군대 및 군속으로 편입되었던 것이다. 특히 고산족의 활약
은 눈부셨다. 오키나와와 같은 서벌턴이었지만 두드러지게 된 것
이다.

이들 특히 대만 원주민들이 오키나와인을 어떻게 생각했는지에
대한 연구를 찾기는 쉽지 않다. 다만 고산족 중에도 오키나와 여성
들의 두발과 타투문화와 유사한 문화를 가진 부족이 있으며, 행상
하는 여성들의 모습에서 일반 일본인들과는 다른 사람으로 동류의
식이 있었을 것이라는 추측은 가능할 것이다. 그러나 그렇지 않은
부족에게 오키나와인은 '기이한' 존재였을 것이다.

5. 맺음말 – 오키나와와 대만간의 연대적 주체

1945년 이전의 오키나와와 대만의 관계는 위에서 언급한 것처
럼, 양자를 서벌턴이라는 숙명적 존재로 기능하게 한 일본제국주
의라는 공동의 외적 경계를 전제로 한 것이었다. 즉 고산족으로부
터 일본의 대만통치를 방어하기 위해 설치한 '액용선'이 상징하는
것처럼, 류큐(오키나와)도 대만의 한족×평포족 혹은 고산족의 경우
에도 '일본제국주의'에 기생한 상태에서의 '주어화'는 성공할 수
없었다. 2024년 현재도 마찬가지다.

이러한 미로에 대한 탈출구를 찾기는 쉽지 않을 것이다. 분명한
것은 오키나와와 대만간의 관계를 '일본제국주의'와 같은 외적 경
계에 의존하지 않고, 상호간의 '차이'를 차별로 귀착시키지 말고,

제2의서벌턴에 대한 제1의 서벌턴적인 규정에서 탈피하여, '차이'의 보편화를 상호 승인하는 것이라고 생각한다.

'사할린 남부에서 대만 및 팽호제도까지'라는 제국적 배열이 아니라, '류큐(오키나와)열도 혹은 아마미오시마에서 섬으로서의 대만'까지의 해상의 교류사를 검토하고, 서로의 문화를 함께 향유하면서 공명하는 것. 바로 이 지점이 필자의 거친 제안이다.

다행스럽게도 일제 점령하 대만에 건너간 류큐·오키나와인과 대만과의 공존은 계속 이어지고 있다. 단적으로「在台灣沖繩縣人會」라는 단체의 존재 및 활동이 이를 상징한다. 이들은 여러 활동을 하고 있으나 대만인 학생과 오키나와 학생들의 교류라는 미래지향적 활동에도 열심이다. 대만에게 오키나와는 일본 본토인 큐슈 이북보다 훨씬 가깝다. 요나구니지마나 이시가키지마는 지근거리다. 2024년 4월 3일 발생한 진도 7.5의 지진이 오키나와 열도와 대만 양쪽에 영향을 미친 것처럼, 어쩌면 양자는 운명공동체일지도 모른다. 일본이 자위대를 오키나와열도로 이동시키는 이른바 '남서쉬프트' 및 중국에 의한 위협. 이로인한 불안도 양쪽 모두 공유한다.

미군 아버지와 오키나와인 어머니 사이에서 태어난 오키나와현 지사인 다마기 데니(玉木デニー)와 대만과의 교류도 계속적으로 이어지고 있다. 일본에의 종속 여부와 결코 무관지는 않겠지만, 오키나와가 '류큐'로서의 아이덴티티를 분명히 해가는 그 지속적인 '과정'(이는 대만도 마찬가지다) 속에 주체'化'는 이미 실현되어 있을지도 모른다.

| 참고문헌 |

박강(2022)『아편과 조선』, 선인.

____(2018)『阿片帝国日本と朝鮮人』, 岩波書店.

주완요 저, 순준식・신미정 옮김(2003)『대만 아름다운 섬 슬픈 역사』, 신구문화사.

胎中千鶴(2019)『あなたとともに知る台湾』, 清水書院.

栗原純(2011)『日本帝国と阿片 台湾総督府・専売局文書に見る阿片政策』, 研文出版.

松田ヒロ子(2016)「植民地台湾から米軍統治下沖縄への「帰還」」『文化人類学』80/4.

崔学松(2019)「植民地台湾のアヘン問題とその歴史的背景」『静岡文化芸術大学研究紀要』VOL.20.

栗原純(2011・8)「義和団と台湾」『中国研究月報』第65巻第8号.

栗原純(2022)『日本帝国と阿片 : 台湾総督府・専売局文書にみる阿片政策』, 研文出版.

劉明修(1983)『台湾統治と阿片問題』, 山川出版社.

大谷渡『台湾の戦後日本: 敗戦を越えて生きた人びと』, 東方出版, 15.

又吉盛清(1990)『日本植民地下の台湾と沖縄』, 沖縄アキ書房.

又吉盛清(1918)『大日本帝国植民地下の琉球沖縄と台湾』, 同時代史.

倉橋正直(2008)『阿片帝国日本』, 共栄書店.

大山梓編(1966)『山県有朋意見書』, 原書房.

村中朋之(2004)「明治期日本における国防戦略転換の背景─朝鮮を「利益線」とするに至るまで─」『日本大学大学院総合社会情報研究科紀要』No.5, 日本大学大学院総合社会情報研究.

前野みち子(2006・3)「国号に見る「日本」の自己意識」『言語文化研究叢書』第5巻 (名古屋大学大学院国際言語文化研究科).

伊藤潔(1993)『台湾 四百年の歴史と展望』, 中央公論.

Vinita Damodaran (ed.)(2015), The East India Company and the Natural World Palgrave Macmillan, UK

조선인 BC급 전범의 포로 학대 책임 및 처벌에서의 형평성 결여와 그 교훈

동아시아 트랜스 내셔널 서벌턴 소통과 상생의 관점에서

금 영 진

1. 머리말

본 논문에 쓰인 주요 용어에 대하여 먼저 개설하자면 다음과 같다. 서벌턴(Subaltern)[1]의 사전적 의미는 권력의 중심에서 배제되고

---

[1] 금영진은 그 정의를 넓게 잡아, 빈곤층, 노인, 성 소수자, 장애인, 외국인 등 사회적 약자와 소수 집단 전반을 포괄하는 비고정적, 상대적인 광의의 개념으로 사용하였다. 선행연구로는, 금영진(2020a)「한일 일용직 노동자 주거공간에서의 사건 사고를 통해 본 주거 빈곤 서벌턴 문제와 그 대책」『일본연구』vol.85, 한국외국어대학교 일본연구소, pp.45-67; 금영진(2020b)「일본 고전 속의 역병과 미신, 그리고 가짜뉴스－질병과 공동체로 본 일본 사회 서벌턴－」『일어일문학연구』115, 한국일어일문학회, pp.21-41; 금영진(2021)「일본시민단체 '제로회의'의 아동학대 가해 부모 지원방식을 통해 본 서벌턴 상생의 가능성」『日本學研究』第64輯, 단국대학교 일본연구소, pp.99-119; 금영진(2022)「한일 서벌

억압을 당하는 사람 또는 그런 무리를 뜻하며 자본가와 무산 노동
자라는 종래의 계급 대립 관점에서의 프롤레타리아에 대체되는 개
념이다. 탈식민주의 학자 가야트리 스피박이 제시한 개념으로, 원
래는 하위 주체를 의미하였으나 점차 제3세계 여성 등 권력에서 소
외된 다양한 소수 집단, 계층을 포괄하는 개념으로 쓰이게 되었다.

또 '트랜스 내셔널(Transnational)'²의 사전적 의미는 '국가의 경계
를 넘어선', '초국가적인' 것을 의미한다. 오늘날의 월경(越境)에는
자발적인 경우가 많지만, 과거 아프리카 흑인 노예나 제국주의 시
대의 침략 또는 영토 합병 때문에 발생한 월경에는 비자발적인 경
우가 많았다는 차이가 있다. 그리고 '트랜스 내셔널 서벌턴'이란,
'트랜스 내셔널'과 '서벌턴'을 합친 용어로 본고에서는 과거와 현
재의 모든 자발적, 비자발적 월경 또는 국적 변동을 경험한 서벌턴
을 포괄하는 광의의 개념으로 사용하고자 한다. '트랜스 내셔널 서
벌턴'이란 한 마디로 인간이 그은 인위적인 선을 넘어 온 '이방인'

턴의 도박중독과 국가권력의 미필적 고의」『일어일문학연구』112, 한국일어일
문학회, pp.239-262 등이 있다.
2 일본과 관련한 트랜스 내셔널 및 서벌턴 관련 국내 주요 연구로는, 박선주
(2015)「군위안부와 엠마 보바리의 조우: 서벌턴성의 트랜스 내셔널한 의미」
『여성학 논집』32(1), 한국여성연구원, pp.29-55; 김주희(2017)「일본군 '위안
부' 담론의 가부장성을 넘어서는 방법: 다큐멘터리 <레드 마리아 2>의 탈 정치
성 비판」『여성학 논집』34(2), 한국 여성 연구원, pp.39-70; 정일영(2019)「일
제 식민지기 조선 간이생명보험을 통해 본 '공공'의 기만성」『역사학 연구』75,
호남사학회, pp.179-214; 배주연(2022)「일본군 '위안부' 목소리의 복화술적
재현」『여성학 논집』39(1), 한국 여성 연구원, pp.35-63; 문명재(2023)「改名으
로 본 在日 트랜스 내셔널 서벌턴의 삶」『일어일문학연구』124, 한국 일어일문
학회, pp.429-447; 오성숙(2023)「식민지, 전쟁, 원폭과 트랜스 내셔널 서벌턴:
한국 원폭 피해 여성의 역사 주체 되기」『한일군사문화연구』37, 한일군사문화
학회, pp.149-170 등이 있다.

에 대한 차별과 억압에 주목한 개념이라 할 수 있다.

다음으로, 'BC급 전범'이라는 용어의 유래를 살펴보자면 다음과 같다. 1946년 1월에 공표된 극동 국제 군사재판 헌장에는 a.평화에 대한 죄(Crimes Against Peace), b.통상의 전쟁범죄(Conventional War Crimes), c.인도에 관한 죄(Crimes Against Humanity)의 항목이 영어 원문에서 각각 a, b, c 항목 순으로 나열되어 있다. 그리고 B급 전범의 경우는 b 항목의 전시에 적국 국민(군인과 포로 포함)에 대한 전쟁범죄를 저지른 경우이다. 또 C급 전범의 경우는 c 항목의, 적국 국민에 대한 평시의 비인도적 범죄행위 및 자국민에 대한 비인도적 범죄행위를 저지른 경우까지도 포함한 경우이다.

하지만, B급 전범과 C급 전범은 서로 겹치는 경우가 많았기에 흔히 합쳐서 BC급 전범이라 불렀는데 일선에 나가 있던 군인과 군속(군무원)인 경우가 대부분이었다. 한편 고위 지도층의 경우, 전장에 나가서 b 또는 c 항목의 전쟁범죄를 직접 저지르는 경우는 드물었다. a 항목의 전쟁을 기획 또는 주도하여 평화에 대한 범죄를 저지르는 경우가 많았다. 그래서 A급 전범은 주로 일본 정부와 군 관련 고위 지도층 인사인 경우가 많았다. 따라서 학점에서와 같은 우열 차이는 없지만, 차츰 A급 전범은 1급 주요 전범이라는 의미로, BC급 전범은 그보다는 한 등급 낮은 전범의 뉘앙스로 받아들여지게 되었다. 따라서 BC급 전범이라고 해서 반드시 A급 전범보다 죄나 처벌이 가벼웠던 것은 결코 아니다.

그리고 본고에서는 특히 조선인 BC급 전범[3]에 주목하였다. 이들은 태평양 전쟁 당시, 동남아시아 지역의 포로수용소 감시원으로

자의 반 타의 반 지원하여 월경하게 된 비자발적 트랜스 내셔널 서
벌턴이다. 1945년의 일본 패망 이후, 이들은 포로 학대 등의 전쟁
범죄 혐의로 영국, 호주, 네덜란드 군사 법정의 전범재판에 회부 되
었다. 그리고 짧게는 5, 6년에서 길게는 10년 이상의 징역형을 살
거나, 심한 경우 사형까지 당했다. 일본으로 송환된 이들은 도쿄 스
가모(巢鴨) 프리즌⁴에서 남은 형기를 마쳐야 했다.

　감옥에 있는 동안, 자신도 모르는 사이에 일본인에서 조선인으
로 국적이 바뀌어 버린 조선인 BC급 전범들로서는 형기를 마치고
출소한 다음이 더 문제였다. 일본 땅 어디에도 징역을 살다 갓 출소
한 조선인 전과자를 반겨주는 데는 없었기 때문이다. 또 가석방의
경우, 남은 형기가 끝날 때까지 거주 이전이 자유롭지 못했기에 부

---

3 'A급 전범'은, 1946~48년의 연합국에 의한 극동국제군사재판(동경재판)에
　서 전쟁 지도자급인 28명이 기소되었고, 도중에 병으로 사망하거나 면소가 된
　3명을 제외한 25명에게 유죄판결이 내려졌고, 7명이 교수형에 처해졌다. 'BC
　급 전범'은 1945년~51년, 일본의 요코하마와 중국, 동남아시아의 49개 재판소
　에서 7개국이 독자적으로 재판을 진행하였는데 5,700명이 유죄 판결되었고,
　그중 984명에게 사형이 선고되었다. 50명이 감형되어 최종적으로는 사형 934
　명, 종신형 475명, 유기형 2,944명이다. 조선인은 148명(그중 포로 감시원 129명)
　이 유죄 판결되었고 그중 23명(포로 감시원 14명)이 사형, 대만인도 173명이 유
　죄 판결되었고, 26명이 사형되었다. 일제 강제 동원 피해자 지원재단의 상기 위
　원회에서는 2011년 4월 현재, 129명의 포로 감시원 출신 BC급 전범 중, 신고된
　86명을 강제 동원 피해자로 인정하고 있다. 対日抗争期強制動員被害調査及び国
　外強制動員犠牲者等支援委員会編(2019)『朝鮮人BC級戦犯に対する真相調査─
　捕虜監視員の動員と戦犯処罰の実態を中心に─』, 日帝強制動員被害者支援財団翻
　訳叢書3報告書, 日帝強制動員被害者支援財団, pp.41-42.
4 도쿄토(東京都) 도시마구(豊島区) 니시 스가모(西巣鴨, 현재의 히가시 이케부쿠
　로(東池袋))에 위치한 도쿄 구치소(東京拘置所)를 접수한 연합군 총사령부
　(GHQ)는 이곳의 명칭을 스가모 프리즌(巣鴨プリズン)이라 개칭, 전범들을 수감
　하였으며, A급 전범 7명 및 BC급 전범 52명이 이곳에서 처형되었다. 1958년 5
　월에 마지막 전범 18명이 출소하자 스가모 형무소는 폐쇄, 도쿄 구치소로 바뀌
　게 되었다.

모님이 있는 고향으로 바로 돌아가지도 못했다. 개중에는 출소 후의 생활고를 못 견딘 나머지 자살하는 사람도 있었다.

문제는 그뿐만이 아니었다. BC급 전범의 피해 보상과 구제에서도 트랜스 내셔널 서벌턴은 차별받았다. 국가권력에 의하여 전쟁에 강제 동원된 일본인 BC급 전범들은 수감 생활 종료 후, 사망 시까지 국가로부터 원훈 대상자로 선정되어 피해 보상을 받을 수 있었다. 하지만, 조선인 BC급 전범들은 일본인에서 조선인으로 국적이 바뀌면서 아무런 보상도 받지 못했다. 2억 엔 대 10만 엔! 이는 일본인 BC급 전범이 평생 수령한 피해 보상금 평균 액수 대 조선인 BC급 전범이 유일하게 보상받은 피해 위로금 액수이다.

우쓰미 아이코(内海愛子)에 의하면, 1951년 9월 8일에 체결, 1952년 4월 28일에 발효된 샌프란시스코 강화 조약으로 주권을 회복한 일본 정부는, 조약 발효일인 4월 28일에 맞춰 공포한 「특별 미 귀환자 급여법(特別未帰還者給与法)」에 의거, 전범을 미 귀환자로 간주하여 봉급과 부양 수당 등을 지급하였다.[5] 이때까지만 해도 조선인 전범 역시 피해구제 적용 대상이었다. 하지만 1953년 8월 1일에 개정된 「미 귀환자 부재 가족 등 원호법(未帰還者留守家族等援護法)」에 의거, 일본 국내 거주 중인 전범의 가족에 국한해서만 급여를 지급하게 되었다.[6] 그 결과, 당시 남한이나 북한에 거주하고 있던 조선인 BC급 전범의 가족 대다수는 이 급여를 받을 수 없었다.

그리고 일본 정부는 바로 그 6일 뒤인 8월 7일에 연이어 공포한

---

5 内海愛子(2022)「朝鮮人戦犯」『朝鮮史研究会論文集』60, 朝鮮史研究会 pp.31-32.
6 内海愛子(2022)m 上掲論文, pp.31-32.

「전상병자 전몰자 유족 등 원호법 일부를 개정한 법률(戰傷病者戰没者遺族等援護法の一部を改正する法律)」에 호적 조항을 신설, 조선 호적을 가지고 있는 전범을 급여 대상에서 아예 제외하였다.[7] 일본에 거주하고 있는 가족조차도 급여를 받을 수 없게 조선인 전범의 급여 수급권 자체를 박탈해 버린 것이다.

본인 의사와는 전혀 상관없이 일본인에서 조선인으로 다시 국적이 바뀌게 된 이학래(李鶴来)를 비롯한 조선인 BC급 전범들의 모임인 동진회(同進会) 회원들은, 20대 청춘 10여 년을 스가모에서 보내야 했던 피해에 대하여 일본 정부가 일본인 BC급 전범들에게 했던 것과 같은 수준의 보상을 요구하였다. 하지만, 1962년 10월 21일, 후루야 가즈유키(古谷一之) 총무 부장관(総務副長官)으로부터 "일본 정부는 보상에 응해야 할 의무가 없다."라는 취지의 답변을 들었다.[8]

이에 1991년, 동진회와 이를 지원하는 일본시민단체가 일본 사법부를 상대로 피해 보상소송을 제기하였다. 하지만, 도쿄 지법과 고법의 1, 2심을 거친 끝에 열린 1998년의 최고재판소(대법원) 3심 판결에서 상고는 최종적으로 기각되었다. 피해 보상에 관한 국회의 입법 활동을 기다리지 않고 소송을 먼저 할 것이 아니라, 우선은 입법부의 재량에 맡겨야 한다는 취지의 기각 판결이었다.

이러한 희생 내지는 손해에 대하여 입법을 기다리지 않고 전쟁 수

7　内海愛子(2022), 上掲論文, pp.31-32.
8　채영국(2004) 「해방 후 BC급 戰犯이 된 한국인 포로 감시원」 『한국 근현대사 연구』 29, 한국 근현대사학회, p.18.

행 주체였던 국가에 대하여 국가보상을 청구할 수 있다는 것은 조리
상 아직까지 전례가 없다. 입법부의 재량적 판단에 맡겨야 한다고 보
는 것이 타당할 것이다.[9]

　행정부에서 사법부로, 사법부에서 입법부로 돌고 돈 끝에 2008년
에「특정 연합국 재판 피구금자 등에 대한 특별 급부금 지급법안(特
定連合国裁判被拘禁者等に対する特別給付金法案)」이 발의되기는 하였으나 결국
일본 국회의 문턱을 넘지 못하고 말았다. 심의에 들어가기 전인
2009년에 중의원이 해산하는 바람에 법안이 자동 폐기되었기 때문
이다.

　책임을 회피하기는 한국 정부와 사법부 또한 마찬가지였다. 이
학래를 비롯한 동진회 회원들은, 한일 청구권 협정으로 인하여 일
본 정부로부터 아무런 피해 보상도 받지 못하게 된 조선인 BC급 전
범 문제를 외교적으로 해결하려는 정부의 노력 부재가 대한민국
헌법에 위배 된다는 헌법 소원을 제기하였다. 하지만, 2021년 8월
31일, 4대 5로 기각 판결이 내려지고 말았으니, 2021년 3월 28일에
마지막 생존자였던 소송 당사자 이학래가 사망한 뒤에 나온 덧없
는 결말이었다.[10]

9　東京地方裁判所(東京地裁平成3年(ワ)第15964号)1991年11月12日提訴/1996年
9月9日請求棄却判決/東京高等裁判所1996年9月19日控訴/1998年7月13日控訴
棄却判決/最高裁判所1998年7月24日上告/1999年12月20日上告棄却判決(第1小
法廷)このような犠牲ないし損害について立法を待たずに戦争遂行主体であった国に
対して国家補償を請求できるという条理はいまだに存在しない。立法府の裁量的判断
にゆだねられたものと解するのが相当である。)
10　헌법재판소 2021. 8. 31. 선고 2014헌마888 전원재판부 결정 [대한민국과 일본

우쓰미에 의하면, 이학래를 비롯한 동진회 회원들의 피해 보상 요구가 그나마 메아리가 되어 돌아온 결과가 앞에서 언급한 10만 엔이다. 1958년 12월 26일에 각의 결정(스가모 형무소 출소 제삼국인 위로에 관하여(巣鴨刑務所出所第三国人の慰藉について))을 통하여 10만 엔의 위로금과 공영주택 입주 우선권을 받게 된 것이다.[11] 1958년 당시의 대졸 초임(공무원)이 약 9,600엔이었던 것을 고려하면, 10만 엔은 약 10개월 치의 대졸 초봉 월급에 해당한다.

한편 김민철의 논문에서는 전쟁범죄 처벌의 형평성 문제를 지적하고 있다. 조선인 포로 감시원들은 일본군 상관의 명령에 따라 구타 등 포로 학대 행위를 직접 실행하였다. 김민철은, 전범재판에서는 '상관의 명령에 따른 면책사유'보다는 정의(正義)에 기초한 자연법 도입 및 일본군의 비정상적인 잔학성이 강조되었음을 언급하고 있다. 또, 연합군 포로들을 죽음으로 몰고 간 수용소의 열악한 환경과 한계 상황들에 대한 책임이, 지휘관보다는 현장의 말단 부하, 즉 포로 감시원에게 집중된 문제점을 지적하였다.[12]

국 간의 재산 및 청구권에 관한 문제의 해결과 경제협력에 관한 협정 제3조의 분쟁 해결 부작위 위헌확인] [헌공299, 1076] 한국인 BC급 전범들이 일제의 강제동원으로 인하여 입은 피해의 경우에는 일본의 책임과 관련하여 이 사건 협정의 해석에 관한 한·일 양국 간의 분쟁이 현실적으로 존재하는지 여부가 분명하지 않으므로, 피청구인에게 이 사건 협정 제3조에 따른 분쟁해결절차로 나아갈 작위의무가 인정된다고 보기 어렵다. 설령 한국과 일본 사이에 이 사건 협정의 해석상의 분쟁이 존재한다고 보더라도, 피청구인이 그동안 외교적 경로를 통하여 한국인 BC급 전범 문제에 관한 전반적인 해결 및 보상 등을 일본 측에 지속적으로 요구하여 온 이상, 피청구인은 이 사건 협정 제3조에 따른 자신의 작위의무를 불이행하였다고 보기 어렵다.

11 内海愛子(2022), 前掲論文, pp.31-32.
12 김민철(2020)「호주군의 재판자료로 본 조선인 Bc급 전범」『동북아 역사논총』69, 동북아 역사재단, pp.203-242.

상급자의 명령에 따라 포로 학대를 직접 실행한 책임에 대한 적절한 처벌에 대한 견해는 다를 수 있다. 다만, 조선인 포로수용소 감시원을 BC급 전범으로 단죄, 때로는 포로 학대를 직간접적으로 지시한 일본군 상급자보다 더 높은 수위로 처벌한 재판의 형평성에는 필자 역시 의문을 품고 있다. 이에 본고에서는 조선인 BC급 전범의 포로 학대 책임 및 처벌에서의 형평성 문제에 대하여 검토, 이러한 교훈을 통하여 미래에 다시 재연될지도 모를 트랜스 내셔널 서벌턴에 대한 과잉 처벌 및 피해 보상의 형평성 문제에 대한 선제적 예방·구제 장치의 정립을 제언하고자 한다.

2. 조선인 BC급 전범의 포로 학대 책임과 처벌

태평양 전쟁 당시, 일본군으로서는 급증하는 연합군 포로(주로 호주군과 영국군) 때문에 골머리를 앓고 있었다. 포로를 수용하는 과정에서 가뜩이나 부족한 병력을 한 명이라도 포로 감시로 돌리는 건 군 병력 운용에서 아무래도 비효율적이었기 때문이다. 그래서 일본은 포로수용소 운용에 필요한 최소한의 경비 병력만 두고 2년 근무조건(실제로는 지켜지지 않음)으로 모집한 조선인 포로수용소 감시원에게 포로 감시 임무를 대신 맡겼다. 오늘날로 치자면, 군무원(군속)인 셈이다.

식민지 조선의 청년들은 허울뿐인 지원제도에 의하여 사실상 반강제적으로 포로수용소 감시원을 지원하게 되었다. 어차피 병사로 강제 징집될 바에야 지원하여 차라리 급여도 받고 상대적으로 안전하기도 한 후방의 포로수용소 감시원을 하는 편이 낫겠다고 판단한 것이다. 하지만 그들은 결국 급여도 제대로 받지 못했고 전황이 악화하면서 계약 기간이 만료되어도 집으로 돌아갈 수 없었다.

그리고 일본의 패전 이후, 포로수용소에서 저질러진 그간의 각종 포로 학대 등 전쟁범죄 혐의로 조선인 포로 감시원들은 전범재판에 넘겨지게 되었다. 그 결과, 포로수용소 환경이 열악하여 포로 사망자가 많이 나왔던 수용소의 조선인 포로 감시원들은 사형, 또는 5년에서 10년 내외의 징역을 살아야 했다.[13] 따귀, 주먹, 곤봉, 개머리판, 군홧발 등으로 포로를 무자비하게 구타한 학대 행위에 관한 재판에서, 교육받고 지시받은 대로 행한 조선인 포로 감시원의 특수 입장은 전혀 고려되지 않았다. 직제상 일본군 이등병보다 낮은 그들은, 일본군 병사들에게 수시로 민족 멸시와 구타를 당했다. 포로들 역시 이들이 일본군 이등병보다도 낮은 최하위 계급이라는 사실을 금세 간파했을 것이다. 그리고 조선인 포로 감시원들은 일본군과 연합군 포로 양쪽 사이에서 멸시와 혐오의 대상이 되는 소위 샌드위치 상태가 되고 만다.

전범재판 당시 사형이 언도된 포로 감시원 이학래가 다시 징역 20년으로 감형된 데에는 그가 포로수용소의 책임자가 아니라는 변

---

13 전범으로 처벌을 받은 조선인은 모두 148명이며, 그중 3명이 군인, 16명이 통역, 나머지 129명이 포로 감시원이었다. 그리고 조선인 포로 감시원 129명 중 14명에게 사형, 115명에게 징역형이 선고되었고, 그들은 1947년에서 1957년에 걸쳐 만기 내지는 감형에 의한 가석방으로 출소하였다. 対日抗争期強制動員 被害調査及び国外強制動員犠牲者等支援委員会編(2019), 前掲書, p.59.

호사의 청원이 받아들여졌기 때문이다.[14] 일본군 이등병보다 아래인 가장 말단의 스무 살짜리 조선인 포로 감시원이 BC급 전범으로 단죄된 것은 누가 봐도 불합리하다. 하지만, 포로 노역 관리와 인원 차출을 전적으로 담당했던 이학래가 포로들에게는 마치 전권을 행사하는 실무 책임자로 보였고, 무엇보다 전범재판 당시에는 포로 학대와 다수의 포로 사망자가 발생한 연합군 측의 복수심이 하늘을 찌를 때였다.

이학래가 재판을 받은 호주 군사 법정에서 함께 실형을 선고받은 조선인 군속 15명의 판결 내용을 보면 중형 선고가 대부분임을 알 수 있다. 교수형 5명, 종신형 1명, 20년형 2명(이학래는 사형에서 감형), 15년형이 3명, 12년형이 1명, 10년형이 1명, 6년형이 1명이었다. 가장 낮은 형량이 6년이고 대부분이 10년 이상의 중형이다.[15]

그리고 이러한 형량의 인플레는 태국과 미얀마를 잇는 죽음의 철로 공사였던 태면(泰緬) 철도 건설에 동원된 연합국(영국, 네덜란드, 호주) 전쟁 포로 중에서 사망자가 특히 많이 나온 것과 무관치 않다. 특히 호주인 포로의 경우 3명 중 1명이 죽었을 정도로 유독 사망률이 높았다.[16] 영화『콰이강의 다리』로도 유명한 죽음의 철로 공사가

---

14 법무 총감의 청원에 의한 보고서에 따르면, 과거 이학래가 같은 혐의로 기소되었으나 OCI 호주 법률분과에서 무죄 석방한 사실이 있음을 주장하기 때문에 이에 대한 추가조사를 요청하는 한편, "다른 사건에 비교해 볼 때, 이 사건은 특별히 나쁜 사안이 아니다"라고 판단하여 징역형을 강력히 요구한 것이다. 이학래가 단지 군속에 지나지 않았는데도 수용소 캠프를 지휘, 감독하고 있었다고 믿은 재판부의 판단이 뒤늦게나마 잘못되었음을 인정함으로써 그는 살아남을 수 있었다. 김민철(2020), 앞의 논문, pp.222-224.
15 김민철(2020), 앞의 논문, p.217.
16 영국인 포로 27,412명 중, 사망자 수는 7,934명이었고(**사망률 29%**), 네덜란드

이루어진 곳이 바로 이 태면 철도이다. 만철(남만주 철도) 건설로 만주
와 중국 침략 당시 톡톡히 재미를 본 바 있는 군국주의 일본의 철도
만능주의 맹신이 낳은 비극이었다.

한편, 말레이시아의 포로수용소에서 근무했던 조선인 포로 감시
원 홍기성의 경우, 1946년에 포로 학대 등의 혐의로 기소되어 영국
군 군사 법정에서 종신 금고형이 선고되었다. 그는 1942년에 부산
서면의 노구치 부대에서 2개월간의 기초군사훈련을 받은 뒤, 2년
기한 조건으로 남방으로 파견되었다. 그리고 그는 노구치 부대 교
관과 조교, 그리고 포로수용소의 일본군 감시병들로부터 늘 부당
한 차별과 학대를 당했다.

홍기성은 조선인을 멸시하는 일본군 병사에게 치이고, 일본군
이등병보다 못한 유색인종 조선인 포로 감시원을 은근히 무시하는
영국군 백인 포로에게도 치이며, 결국 자신이 학습한 학대를 포로
들에게 그대로 행하게 된다. 그가 저지른 전쟁범죄를 학대의 학습
과 대물림이라는 이유로 감싸려 하는 것이 아니다. 학대를 직간접
적으로 학습시키고 지시 또는 방조한 상급자에 대한 처벌과 이들
에 대한 처벌 수위의 형평성의 문제를 말하려는 것이다.

홍기성은 수용소의 물을 긷는 펌프가 자꾸 고장 나는 문제로 일

인 포로 17,399명 중, 사망자 수는 4,616명이었다(**사망률 26.5%**). 또 호주인 포
로 12,121명 중 사망자 수는 3,949명이었다(**사망률 32.5%**). 미국인 포로 569명
중 사망자 수 127명을 합하면(**사망률 22.3%**), 철도 건설에 동원된 전체 포로
57,501명 중 사망자 수는 무려 16,626명(**전체 평균 사망률 29%**)에 달한다. 그
리고 이는 나치 독일에 붙잡힌 영미 포로의 사망률 4%와 일본군에 잡힌 연합군
포로의 사망률 27%보다도 높은 것이었다. 김민철(2020), 앞의 논문, p.211.

본군 상관에게 심한 질책을 받았다. 그리고 펌프가 설치된 개울 바로 위쪽의 물이 고인 곳에서 연합군 포로들이 목욕할 때 떠오르는 진흙 모래와 가는 자갈이 펌프에 끼여 고장이 자주 발생한다는 사실을 알았다. 홍기성은 포로들의 목욕을 제지하였으나 영국군 백인 포로들은 홍기성의 지시를 은근슬쩍 무시하였고 이에 격분한 홍기성은 포로의 입에 진흙 모래를 집어넣었다. 불행하게도 홍기성은 이 포로 학대 행위로 인하여 나중에 종신형을 선고받게 된다.[17]

홍기성에게 수도꼭지를 틀어 놓고 개구리 배처럼 튀어나오도록 물을 강제로 먹이는 물고문을 한 일본군 감시병이나, 포로에 대한 온갖 학대 방법을 학습시킨 노구치 부대의 일본군은 종신형을 선고받지 않았다. 포로에 대한 직접적인 전쟁범죄를 저지르지 않았기 때문이다. 하지만 일본군으로부터 모진 학대를 당하면서 저도 모르게 학대 방법을 학습한 홍기성은 BC급 전범이 되었다. 1955년에 가석방으로 풀려난 홍기성은 아무런 피해 보상도 받지 못했고 갈 곳도 없었다. 결국 1980년에 자살하는 것으로 그는 한 많은 인생을 마감하게 된다.[18]

조선인 포로 감시원들이 일본군에게 배운 학대 기술은 그들이 BC급 전범으로 처벌되는 데 매우 불리하게 작용하였다. 태국 제5분

---

17 理論編集部編(1953)『壁あつき部屋~巣鴨BC級戦犯の人生記』, 理論社, pp.1-227.
18 2005년 4월 27일, 이학래의 신청으로 시작한 조선인 전범 진상조사를 실시, 2011년에 그 결과를 정리한 [조선인 전범 처벌자의 귀국 및 일본 잔류 현황표]에 의하면, 총 148명의 조선인 전범 중, 사형 23명, 자살 2명, 귀국 73명(남한 67명, 북한 6명), 일본 체재 50명이었다. 対日抗争期強制動員被害調査及び国外強制動員犠牲者等支援委員会編(2019), 前掲書, p.12. 그리고 2011년 당시까지 일본 국내의 생존 전범은 13명이었으나 2023년 현재, 일본 국내의 생존자는 0명이다.

소 소속 포로 감시원이었던 BC급 전범 사형수 조문상의 유서는 포로 학대와 관련하여 이러한 부조리를 고발하고 있다. 김민철의 논문에 의하면, 조문상은 부산의 노구치 훈련소에서 포로들을 동물처럼 다루어야만 무시당하지 않을 거라 배웠다고 진술했다.[19] 조문상은 자신의 포로 학대 행위를 인정하고 잘못을 반성했다. 하지만 1946년에 교수형이 선고되었고, 다음 해인 1947년 2월 25일에 싱가폴 창기 형무소에서 사형이 집행되었다(향년 26세). 사형 집행을 하루 앞둔 전날 밤 그가 쓴 유서에는 다음과 같은 대목이 보인다.

"이런 세상 더는 살아봤댔자 어쩔 도리가 없어요." "이런 세상 미련 없다고요." 라고는 말했지만, 그건 내 진심이 아니었다. 역시 이 세상에 미련이 있다. 물론 이래서는 안 되는지도 모른다. 하지만 가령 영혼만이라도 좋으니 이 세상 어딘가를 떠돌아다니고 싶다. 그게 안 된다면 누군가의 기억 속에라도 남고 싶다. 영혼은 이미 영계로 가 버렸다고? 거짓말! 난 아직도 인간이다. 죽기 전까지는 인간이라고. 인간으로서의 욕심이 아직도 이렇게 내게 남아 있는걸? 서울 북쪽 북한산 정상 백운대 벽면에 새겨 놓았던 내 이름은 지금도 그대로 남아 있을까?[20]

다른 일본인 전범들이 교수대에서 마지막으로 "천황폐하 만세"를 외칠 때 조문상은 "대한독립 만세"를 외쳤다는 이야기의 진위

---

19 김민철(2020). 앞의 논문, p.219.
20 理論編集部編(1953). 前揭書, pp.1-227.

는 알 수 없지만, 그가 남긴 유서에는 삶에 대한 애절한 집착이 보인다. 추락한 미군기의 승무원들을 즉결 처형하라는 상급자의 명령에 따라 대검으로 찔러 사망케 한 전쟁범죄 혐의로 사형된 어느 일본군 BC급 전범의 마지막 유서가 연상되는 대목이다. 그 일본군 BC급 전범은 자신이 다시 태어난다면 인간이 아닌 바닷속 조개로 태어나고 싶다고 말한다.

> 하지만, 이다음에 다시 태어난다면, 아뇨, 난 인간이 되고 싶지 않습니다. 소나 말로도 태어나고 싶지 않습니다. 인간에게 괴롭힘을 당하니까요. 꼭 다시 태어나야 한다면, 나는 조개가 되고 싶습니다. 조개라면 바다 깊은 바위에 달라붙어 아무런 근심 걱정이 없습니다. 군대에 가지 않아도 되고요. 전쟁도 없고요. 아내나 자식을 걱정하는 일도 없지요. 꼭 다시 태어나야 한다면, 나는 조개로 태어날 생각입니다.[21]

조선인 BC급 전범이든, 일본인 BC급 전범이든, 현장 실무자였던 그들은 상급자의 부당한 명령에 따라 비자발적 전쟁범죄를 저질렀고 처벌을 받았다. 문제는 그들이 형평성이 결여된 과잉 처벌

---

21 가토 데쓰타로(加藤哲太郎), 시무라 이쿠오(志村郁夫)명의. (けれど、こんど生れかわるならば、いや、私は人間になりたくありません。牛や馬にも生れません、人間にいじめられますから。どうしても生れかわらなければならないのなら、私は貝になりたいと思います。貝ならば海の深い底の岩にへばりついて何の心配もありません。兵隊にとられることもない。戦争もない。妻や子供を心配することもない。どうしても生まれかわらなければならないのなら、私は貝に生まれるつもりです。)—加藤哲太郎(志村郁夫名義)飯塚浩二編(1953)『あれから七年──学徒戦犯の獄中からの手紙』, 光文社, pp.1-228.

의 희생양이 되고 말았다는 점이다. 그리고 더 큰 문제는 일본인 BC급 전범은 국가로부터 훗날 피해 보상이라도 받았지만, 조선인 BC급 전범은 별다른 보상을 받지 못했다는 사실이다. 트랜스 내셔 널 서벌턴의 이중의 비애이다.

3. 처벌의 형평성과 교훈, 그리고 재발 방지

편제상 일본군 이등병보다 낮은 계급이었던 조선인 포로수용소 감시원이 BC급 전범으로 분류되어 때로는 일본군 상급자보다 더 엄한 처벌을 받게 된 가장 큰 이유는, 이들이 모든 악역을 도맡았기 때문이었다. 이들은 포로들과 실질적으로 부대끼며 부당한 처우나 포로 학대 행위 등을 도맡아 수행하였고 당연히 포로들의 원한과 증오의 표적이 될 수밖에 없었다. 사형수의 목을 베던 조선 시대의 망나니가 사람들로부터 인간 백정이라 손가락질당하며 혐오의 대 명사가 된 것과도 비슷한 이치이다.

그리고 이는 일본군 BC급 전범 중 특히 처벌을 많이 받은 것이 하(부)사관이라는 사실에서도 알 수 있다.[22] 장교가 직접적으로 대 놓고 포로 학대를 지시하는 경우는 드물다. 간접적으로 지침과 명

---

22 피고는 소위 이상의 장교가 약 30%, 하사관이 51%, 병이 약 8%로, 그 외는 군인
이 아닌 경우입니다.(被告は、少尉以上が約30％、下士官が約51％、兵が約8％
で、他は軍人以外です。)「しんぶん赤旗」, 2006年8月31日(木)
https://www.jcp.or.jp/akahata/aik4/2006~08~31/20060831faq12_01_0.html
(검색일: 2023.7.13.)

령을 하달하면 하사관이 현장에서 병사에게 직접 지시하는 식이다. 망나니가 미움받는 이유에서도 알 수 있듯이 당연히 포로들은 자신들의 눈앞에서 직접적으로 학대 행위를 저지르는 자에게 강한 분노와 원한을 품게 된다. 그리고 현장에서 이러한 명령을 최종적으로 직접 실행하는 망나니 역할은, 대개가 현장의 가장 말단인 조선인 포로 감시원이었다.

포로들의 뺨을 때리거나, 벌칙으로 포로들끼리 서로 마주 보며 뺨을 때리게 하여 수치심과 죄책감을 유발하는 야만적인 포로 학대 행위를 현장에서 지시하는 건 일본군 하사관이지만, 이를 최종 실행한 종범은 대개 조선인 포로 감시원이었다. 그리고 저 뒤에서 간접적으로 지침을 내리거나 이를 방조 또는 묵인한 교사범은 다름 아닌 장교였다. 하지만 처벌은 포로들이 보는 앞에서 학대 지시를 내린 하사관 또는 그 명령을 실행한 조선인 포로 감시원에게 집중되었다.

그리고 여기에서 상관의 명령에 따라 전쟁범죄 행위를 직접 실행한 자에게 어디까지 책임을 물을 수 있는가 하는 문제가 대두된다. 연합군 측은 당연히 모든 책임을 물을 수 있다고 보았다. 다만 상관의 부당한 명령에 하급자가 복종할 수밖에 없었던 점에 대한 정상참작과 어느 정도의 감형은 가능하다고 보는 입장이다. 하지만 BC급 전범재판에서는 상급자인 교사범이나 방조범에 대한 처벌에 비하여 하급자인 실행범에 대한 처벌이 지나치게 높았다. 상관의 명령에 따라 포로 학대 행위를 저지른 말단 하급자에 대한 처벌이 그러한 행위를 직간접적으로 지시하거나 방조, 묵인한 상급

203

자에 대한 처벌 수위와 크게 다르지 않거나, 때로는 혼자 모든 책임을 떠안았다는 점에서 형평성의 문제를 지적하지 않을 수 없다.

오늘날 형사 사건에서의 종범에 대한 형량은 주범 형량의 50% 전후이다. 실행범의 형량도 공동정범이 아니면 교사범의 형량보다 훨씬 낮다. 특히 실행범이 교사범의 지시에 항거 불능이었던 특수한 상황을 고려하면 면책이 되거나 감형이 되기도 한다. 이를 고려하면, 전범재판 당시 변호인은 직간접적으로 포로 학대 등의 부당한 명령을 내리거나 방조한 상급자나, 지시대로 명령을 집행한 하급자에 대한 처벌 기준을 각각 달리 제시했어야 했다. 적어도 주범들과 비슷하거나 더 많이 처벌받는 것은 막았어야 한다고 본다.

하지만, 사형과 종신형, 또는 20년 이상의 중형이 선고된 조선인 BC급 전범들은 종범이 아닌 주범 또는 공동정범으로 단죄되는 경우가 많았다. 일본군 이등병만도 못한 조선인 포로 감시원에 대한 민족 차별은 늘 있었지만, 막상 처벌을 받게 되었을 때는 그러한 모든 차별이 사라지면서 똑같이 평등한(?) 혹은 더 엄한 처벌이 내려진 것이다.

전시라는 특수 상황은 이처럼 형평성이 결여한 과잉 처벌을 얼마든지 가능하게 한다. 김민철은, 작업장에서 도망가는 호주군 상병 R.J.오도넬(O'donell)을 일본군 장교의 명령에 따라 총살한 조선인 포로 감시원 가이쿄쿠 데이모토(본명 불상)가 사형 판결을 받은 사례를 지적하고 있다. 그러면서 상관 명령 복종 범죄에 관한 연합군 측과 일본군 측의 군사 규범과 입장이 서로 달랐던 점을 지적하

고 있다.[23]

영국과 호주, 그리고 미국에서는 1944년에 '상관의 명령 복종'이라는 면책사유가 군사 규범의 수정을 통하여 거부되었다는 것이다. 1945년 유엔 전쟁범죄 위원회에서도 면책사유는 역시 거부되었다. 상관의 부당한 명령에 따라 전쟁 포로를 사살한 조선인 BC급 전범 가이쿄쿠 데이모토는 망나니 임무를 충실히 수행한 죄로 결국 사형되고 말았다.

일본 군법에서는 면책사유를 인정하고 있다.[24] 하지만 자신들의 전우를 죽인 조선인 사형집행인에 대한 호주군 병사들의 분노와 증오심 앞에서 면책사유는 인정받을 여지가 없었다. 전시에 상관 명령 불복종은 총살형이지만 포로에 대한 총살형 집행인이었던 조선인 BC급 전범은 면책사유를 인정받지 못한 것이다. 결국 전범재판에서는 승자인 연합군 측의 법리가 적용되었으며, 다만 재판장 직권으로 어느 정도의 감형이 가능하다고 보았다. 이러한 국제법 상의 논쟁에 대해서는, 선행연구에서 그 모순점을 이미 지적하고 있지만[25], 전쟁이 끝났을 때는 대개 승자의 논리가 적용된다는 현실을 무시할 수만도 없다.

최후의 생존 조선인 BC급 전범 피해자였던 이학래가 2021년에 사망하여 모든 법적 피해 보상 청구 노력이 물거품이 된 이 마당에 필자가 굳이 이 문제를 다시 논하는 이유는 똑같은 불행의 반복을

23 김민철(2020), 앞의 논문, pp.235.
24 김민철(2020), 앞의 논문, pp.230.
25 内海愛子, G・マコーマック, H・ネルソン(1994)『泰緬鉄道と日本の戦争責任』, 明石書店, pp.99-100.

막기 위한 안전장치의 필요성 때문이다. 왜냐하면 본인 의사와는 무관하게 전쟁범죄에 협력했던 조선인 BC급 전범이 겪은 트랜스 내셔널 서벌턴으로서의 불행과 같은 유사한 일이 한반도에서 5년 뒤에 또다시 되풀이되었기 때문이다. 1950년 한국전쟁이 그러하다.

남북한 주민들은 전쟁 판도의 변화에 따라 몇 달 사이에 점령군이 바뀌면서 적군이 아군이 되고 아군이 적군이 되며, 본인의 의지와는 상관없이 국적이 바뀌는 경험을 하였다. 비자발적 트랜스 내셔널 서벌턴이 된 것이다. 그리고 점령군이 바뀌는 과정에서 적군에게 협조하였던 부역자에 대한 무자비한 보복과 가혹한 처벌이 한국전쟁 당시 곳곳에서 벌어졌다. 적에게 협력하여 전쟁범죄에 가담한 부역자에 대한 처벌은 그야말로 조선인 BC급 전범 처벌의 복사판이었다. 형평성에 어긋난 감정적이고도 부조리한 과잉 처벌의 피해양상이 그러하다.

한국전쟁 당시 이승만이 서울 시민을 버리고 도망간 3개월 동안 서울 시민들은 본인 의사와는 무관하게 조선인민공화국의 공민이 되어 적에게 협조해야만 했다. 소위 부역자가 된 것이다. 그리고 서울 수복 이후, 정부 발표만 믿고 서둘러 피난을 가지 못하는 바람에 서울에 남아 비자발적으로 적에게 협력해야만 했던 서울 시민에 대한 광기 어린 처벌이 벌어졌다. 이 처벌은 복수심에 가득 찬, 대단히 비이성적이고도 불공정한 것이었는데, 특히 처벌 수위의 형평성과 일관성에 문제가 많았다.

이임하의 논문에 의하면, 한국전쟁 당시의 부역자 재판에서는 선고 형량의 인플레가 있었다고 한다. 예를 들어 인민군 남침 시 1주일간 동 서기장을 한 김○수는 징역 5년, 여성 동맹에 가입한 김○초도 징역 5년, 노동당 사무소 경비, 운반을 담당했던 차○규는 징역 10년 형을 선고받았다.[26] 그리고 유병진에 의하면, 이는 종래의 유사 사건에 대한 일반적인 형량(2년에서 5년)에 비하면 엄청난 변동이었다고 한다. 즉, 예전 같으면 징역 2, 3년이었을 사안이 징역 15년 또는 무기징역이 되기도 하고, 징역 4년이나 5년이었을 사안에 사형이 선고되기도 했다는 것이다.[27] 그리고 이는 조선인 BC급 전범 처벌에서 나타난 형평성을 상실한 과잉 처벌과 너무나도 흡사하다.

문제는 이러한 처벌에 있어서 형량이 합리적인 양형 기준이 전혀 없이 그때그때 감정적이고도 주먹구구식인 고무줄 형량이었다는 점이다. 부역자 학살에 대한 유엔 한국 부흥위원단의 문제 제기에 1950년 12월 18일, 이승만은 서둘러 감형령을 내렸다. 사형은 무기징역으로, 무기징역은 징역 15년으로, 10년 이하의 형은 2분의 1로 감형한 것이다. 또, 12월 22일에 바로 특사령을 내려 10년 이하의 형을 선고받았던 984명(여성 237명)을 즉각 석방하였다.[28] 서울 북부 홍제리 부역자 처형 사건이 해외 언론에 의해 대대적으로 보도되면서 국제적인 문제가 되었기 때문이다.

본고에서는 임진왜란 당시 왜군에게 점령당했던 지역에서 왜군

---

26 이임하(2010)「한국전쟁기의 부역자 처벌」『사림』36, 수선사학회, pp.101-140.
27 유병진(1957)『재판관의 고뇌』, 서울고시학회, pp.22-23.
28 이임하(2010), 앞의 논문, pp.101-140.

에게 협력했던 순왜(順倭)에게 조선 조정이 관대했던 것처럼 일본군에 협력했던 포로 감시원이나 북한군에 협력했던 부역자들을 관대하게 처리하자는 이야기를 하려는 것이 아니다. 처벌은 하되, 형평성을 갖춘 합리적인 처벌을 원칙대로 하여 과거 역사의 불행과 잘못을 되풀이하지는 말자는 것이다. 그리고 그러기 위해서는 전시가 아닌 평시에 그러한 처벌 기준을 미리 마련하여 명문화할 필요가 있다. 그리고 그 처벌 기준은 종래의 국가보안법과는 달리, 국민적으로 합의가 도출된 새로운 것이어야 한다. 예를 들어, 현행 국가보안법에서는 법을 위반한 본범과 친족관계에 있는 종범에 한하여 처벌의 감경과 면제를 할 수 있도록 하고 있다. 탈북자나 월북자, 납북자 등 트랜스 내셔널 서벌턴이라는 특수한 입장에서 비자발적으로 법을 위반하거나 이적행위에 가담한 사정에 대한 처벌 감경 조항이 없는 것이다.

정병준은 태평양 전쟁 당시 미군을 상대로 한 영어 방송을 했던 일본계 미국인 아이바 도구리 다키노(결혼 전 본명 도구리 이쿠코(戸栗郁子) 일명 도쿄 로즈)가 1949년에 미국 귀환 후 반역죄로 기소되었던 사례를 소개하고 있다. 도구리는 1956년에 가석방되고 1977년에는 포드 대통령의 특사로 시민권이 회복되었다.[29] 그녀는 20년 넘게 미국 시민권이 박탈되었다가 1977년에야 특사로 겨우 시민권을 회복하게 되었다. 1956년에 가석방된 이후, 21년 동안이나 시민권 없이 미국에서 살았다는 것은, 그녀가 불법 체류자와 별반 다를 바 없

---

29 정병준(2022)「공포와 관용:한국전쟁기 부역자 처벌의 이중성과 그 유산」『역사와 현실』 123, 한국역사연구회, pp.337-390.

는 처지의 고된 삶을 살아야 했다는 것을 의미한다. 트랜스 내셔널 서벌턴이라는 특수한 입장을 고려한 감경조항이 없었기에 그녀는 그저 대통령의 특사를 기다려야만 했다.

조선인 BC급 전범 처벌에서의 상황도 이와 비슷했다. 일본의 침략 전쟁에 반강제로 동원된 식민지 청년이 처한 트랜스 내셔널 서벌턴이라는 특수한 입장에 대한 이해에 기반한 감경과 면책은 없었으며 그렇다고 형평성 있는 합리적인 처벌이 이루어지지도 않았다. 그리고 이점이야말로 필자가 조선인 BC급 전범 처벌에서 나타난 형평성 결여의 문제점을 지적함과 동시에 그 교훈을 통하여 납득가는 합리적인 처벌 기준을 전시가 아닌 평시에 미리 확립해 둘 필요성을 역설하는 이유이기도 하다.

아무런 원칙도 기준도 없는 감정적인 처벌과 과도한 형량 인플레, 그리고 고무줄 형량은 전시 상황에서는 얼마든지 재연될 수 있다. 따라서 조선인 BC급 전범 처벌에서 나타난 것과 같은 불합리하고 부조리한 일이 또다시 되풀이되는 걸 막기 위한 안전장치가 꼭 필요하다. 전시에는 아무래도 이성적인 재판과 공정한 처벌이 어려워진다. 전쟁으로 인하여 사랑하는 주변 사람을 잃은 복수심이 대중의 가슴 속에 전염병처럼 만연하는 시기이기 때문이다. 당연히 감정적이고 보복적인 재판이 되기 쉬우며 기준과 원칙이 없는 형량의 인플레와 고무줄 형량이 남발되게 마련이다. 감정적이고도 과도한 처벌을 막을 안전장치를 전시가 아닌 평시에 미리 마련, 명문화하여야 하는 이유이다.

따라서 처벌 기준과 양형 가이드 라인을 전시가 아닌 평시에 미리 명문화할 필요가 있다. 즉, 상관 명령에 따라 전쟁범죄를 저지른 경우, 부당한 명령을 지시한 상급자에 대한 처벌 수위보다는 낮아야 하며, 그 형량은 상급자에게 선고된 형량의 50%를 넘지 말아야 한다고 본다. 또 트랜스 내셔널 서벌턴이라는 특수한 입장에서 이적행위를 하거나 법을 위반한 경우, 주범이 아닌 종범일 경우에는 처벌 감경이 필요하다.

조선인 BC급 전범이 겪은 부조리는 오늘날 우리 사회라고 해서 물론 예외는 아니다. 노동자 사망 등의 안전사고가 발생하였을 때, 모든 책임을 하청업체나 외주 용역 회사에 떠넘기고 발주처인 대기업은 책임을 회피하는 경우가 그러하다. 따라서 간접적이라 하더라도 부당한 명령을 내렸거나 사실상 이를 방조한 상급자의 경우, 관리 감독의 책임을 물어 중대 재해 처벌법[30]에 의거, 처벌함과 동시에, 해당 명령을 직접 집행한 하급자보다 2배 이상의 엄한 처벌을 받도록 할 필요가 있다.

하지만 현실은 전혀 그렇지 않다. 하청업체에게 무리한 요구를 한 대기업은 어떻게 해서든지 발뺌하며 법망을 빠져나간다. BC급 전범 처리 과정에서 나타난 하사관과 조선인 포로 감시원에게만 집중된 형평성이 결여한 처벌이 재연되는 것이다. 어디선가 본 듯

---

30 제10조(중대 시민 재해 사업주와 경영 책임자등의 처벌) ① 제9조를 위반하여 제2조 제3호 가목의 중대 시민 재해에 이르게 한 사업주 또는 경영 책임자 등은 1년 이상의 징역 또는 10억 원 이하의 벌금에 처한다. 이 경우 징역과 벌금을 병과할 수 있다. ② 제9조를 위반하여 제2조 제3호 나목 또는 다목의 중대 시민 재해에 이르게 한 사업주 또는 경영 책임자 등은 7년 이하의 징역 또는 1억 원 이하의 벌금에 처한다. 「중대 재해 처벌 등에 관한 법률」[시행 2022.1.27.] [법률 제17907호, 2021.1.26.제정]

한 기시감이 자꾸 든다. 문제는 산재 처리 등 피해 보상에서도 내국인 근로자에 비하여 외국인 노동자의 산재 처리는 하늘의 별 따기만큼 어렵다는 사실이다. 설령 산재를 인정받는다고 하더라도 치료가 끝나면 한국을 떠나야 한다. 손목을 잃고서도 사장이 제공한 항공권과 돈 몇 푼 받고서 한국을 떠나는 외국인 노동자의 모습은 20대에 스가모 형무소에 들어가 10년간 징역형을 살고 나와 달랑 위로금 10만 엔을 받은 조선인 BC급 전범 이학래의 처지와 별반 다르지 않다.

조선인 BC급 전범들은 자신들이 져야 할 그 이상의 책임을 지고 처벌을 받았지만 정작 그 이상의 책임을 지고 처벌을 받아야 할 자들은 그렇게 하지 않았다. 하기야 맥아더 사령관과 미국이 전쟁범죄의 가장 큰 책임이 있는 일본 천황의 책임을 묻지 않는다는 정치적 판단을 내린 바로 그 순간, 아랫사람이 윗사람의 책임을 대신 떠안는다는 결과는 이미 정해져 있었다. 그리고 조선인 BC급 전범은 트랜스 내셔널 서벌턴이라는 이들의 신분 특수성까지 더해지면서 모든 책임과 처벌을 감수하여야 했다. 피해 보상 제외는 덤이다.

책임져야 할 사람이 책임을 지지 않으면 누군가 다른 사람이 대신 책임을 져야 한다. 그리고 이러한 무책임의 틈바구니에서 늘 피해를 보는 건 대개 지시한 상급자보다는 현장에서 이를 실행한 실무자일 경우가 많다. 그리고 그 실무자가 특히 트랜스 내셔널 서벌턴일 경우, 그 피해는 아무도 책임지지 않는다. 책임질 용기의 없음과 이성을 잃은 복수심은 때로는 형평성이 결여한 비수가 되어 누군가에게 꽂히며 특히 그러한 피해에 무방비상태로 노출되기 쉬운 것이 트랜스 내셔널 서벌턴이다. 조선인 BC급 전범 문제는 동아시아 트랜스 내셔널 서벌턴과의 소통과 상생을 위한 우리들의 관심과 노력이 평소에 미리 이루어져야 하는 당위성과 교훈을 보여준다.

4. 맺음말

조선인 BC급 전범들은 본인의 자발적인 의사와는 무관하게 국경을 넘거나 국적이 바뀌었고, 일본의 전쟁에 협력한 전범이라는 멍에를 쓴 채 형평성이 결여한 감정적인 재판의 희생양이 되고 말았다. 조선인 BC급 전범에 대한 처벌은 포로 학대를 직간접적으로 지시하거나 방조한 주범 내지는 교사범인 상급자에 대한 보다 엄중한 처벌 없이, 종범이었던 조선인 포로 감시원을 주범 내지는 공동정범으로 단죄한 대단히 불합리한 것이었다.

물론 본고의 취지는 1961년에 예루살렘에서 행해진 나치 독일 전범재판 과정에서 나온, 자신은 명령에 복종했을 뿐이라며 책임을 면하려 한 아돌프 아이히만의 주장인 '악의 평범성'을 옹호하려는 것이 결코 아니다. 책임 있는 위치에 있는 사람이 그 책임의 무게만큼 처벌을 받지 않으려 책임을 회피하면, 형평성이 결여한 과도한 책임을 누군가가 대신 져야 하는 일이 벌어진다. 이러한 인간의 불완전성을 우리는 조선인 BC급 전범의 사례에서 이미 충분히 보아 왔고 그에 대한 보완 및 예방조치의 필요성을 본고에서는 주장하고자 하는 것이다.

즉, 부당한 명령을 내리거나 포로 학대를 방조한 상급자의 죗값보다, 명령대로 수행한 하급자의 죗값이 더 많거나 비슷한 건 불공평하니 형량을 2대 1로 하자는 이야기를 하려는 것이 이 논문의 궁극적인 목적은 결코 아니다. 상대방의 특수한 처지를 전혀 고려치 않고 감정적으로 처벌하려는 인간의 비이성과 광기가 언제든지 재연될 수 있으며 트랜스 내셔널 서벌턴이 그 희생양이 되기 쉽기에 이를 방지하려면 평상시에 미리 그에 합당한 합리적인 처벌 기준을 마련해 둘 필요가 있다는 것을 말하려는 것이다.

월북, 월남, 입북, 탈북, 재입북, 재탈북 등 현재도 끊임없이 월경을 감행하고 있는 트랜스 내셔널 서벌턴 문제는 지금도 여전히 진행중이다. 조선인 BC급 전범 문제를 통하여 얻게 된 교훈을 살려 감정적인 과잉 처벌이 일어나지 않도록 미리 안전장치를 마련하기 위한 국민적인 공감대를 지금부터라도 미리 형성할 필요가 있다. 조선인 BC급 전범 문제나 부역자 처벌 문제에서 얻은 반성과 교훈을 통하여 똑같은 불행이 되풀이되지 않도록 하는 것, 그것이야말로 동아시아 트랜스 내셔널 서벌턴 소통과 상생으로 가는 첫걸음이다.

| 참고문헌 |

금영진(2020a)「한일 일용직 노동자 주거공간에서의 사건 사고를 통해 본 주거 빈곤 서벌턴 문제와 그 대책」『일본연구』vol.85, 한국외국어대학교 일본 연구소, pp.45-67.

_____(2020b)「일본 고전 속의 역병과 미신, 그리고 가짜뉴스 - 질병과 공동체로 본 일본 사회 서벌턴 -」『일어일문학연구』115, 한국일어일문학회, pp.21-41.

_____(2021)「일본시민단체 '제로 회의'의 아동학대 가해 부모 지원방식을 통해 본 서벌턴 상생의 가능성」『日本學研究』第64輯, 단국대학교 일본연구소, pp.99-119.

_____(2022)「한일 서벌턴의 도박중독과 국가권력의 미필적 고의」『일어일문학연구』112, 한국일어일문학회, pp.239-262.

김민철(2020)「호주군의 재판자료로 본 조선인 Bc급 전범」『동북아 역사논총』69, 동북아 역사재단, pp.203-242.

김윤경(2020)「한국전쟁기 부역자 처벌 군법회의의 문제점 - 노천명·조경희·이인수의 판결을 중심으로」『서강 인문 논총』57, 인문과학연구소, pp.267-302.

김주희(2017)「일본군 '위안부' 담론의 가부장성을 넘어서는 방법: 다큐멘터리 <레드 마리아 2>의 탈 정치성 비판」『여성학 논집』34(2), 한국 여성 연구원, pp.39-70.

박선주(2015)「군 위안부와 엠마 보바리의 조우: 서벌턴성의 트랜스 내셔널한 의미」『여성학 논집』32(1), 한국여성연구원, pp.29-55.

배주연(2022)「일본군 '위안부' 목소리의 복화술적 재현」『여성학 논집』39(1), 한국 여성 연구원, pp.35-63.

문명재(2023)「改名으로 본 在日 트랜스 내셔널 서벌턴의 삶」『일어 일문학연구』124, 한국 일어일문학회, pp.429-447.

오성숙(2023)「식민지, 전쟁, 원폭과 트랜스 내셔널 서벌턴: 한국 원폭 피해 여성의 역사 주체 되기」『한일군사문화연구』37, 한일군사문화학회, pp.149-170.

유병진(1957)『재판관의 고뇌』, 서울고시학회, pp.22-23.

이임하(2010)「한국전쟁기의 부역자 처벌」『사림』36, 수선사학회, pp.101-140.

정병준(2022)「공포와 관용 : 한국전쟁기 부역자 처벌의 이중성과 그 유산」『역사와 현실』123, 한국역사연구회, pp.337-390.

정일영(2022)「일제 식민지기 조선 간이생명보험을 통해 본 '공공'의 기만성」『역사학 연구』75, 호남사학회, 2019 pp.179~214.

채영국(2004)「해방 후 BC급 戰犯이 된 한국인 포로 감시원」『한국 근현대사 연구』29, 한국 근현대사학회, pp.7-34.

飯塚浩二編(1953)『あれから七年——学徒戦犯の獄中からの手紙』, 光文社 pp.1-228.

内海愛子, G・マコーマック, H・ネルソン(1994)『泰緬鉄道と日本の戦争責任』, 明石書店, pp.99-100.

＿＿＿＿＿(2022)「朝鮮人戦犯」『朝鮮史研究会論文集』60, 朝鮮史研究会, pp.31-32.

対日抗争期強制動員被害調査及び国外強制動員犠牲者等支援委員会編(2019)『朝鮮人BC級戦犯に対する真相調査—捕虜監視員の動員と戦犯処罰の実態を中心に—』日帝強制動員被害者支援財団翻訳叢書3報告書 日帝強制動員被害者支援財団, pp.41-42.

理論編集部編(1953)『壁あつき部屋~巣鴨BC級戦犯の人生記』, 理論社 pp.1-227.

『차별의 일본 근현대사
−포섭과 배제의 사이에서』에 대한 小考
구로카와 미도리·후지노 유타카 著/ 문명재 외 譯

이 권 희

1. 머리말

한일 양국은 유사 이래 다양한 교류와 역사적 사건을 공유해왔다. 특히 근현대 사회에서는 정치·경제·사회·문화의 여러 영역에 걸쳐 복잡한 관계망 속에 공존하고 있다. 그러나 우리는 협력과 부조의 역사보다는 지배와 피지배의 허구를 상상하고, 피해와 가해의 역사만을 기억하려 한다. 여기에 21세기에 들어 심화하는 한국사회의 강한 민족주의의 발흥과 일본사회의 우경화 현상은 근대 이후의 한일관계를 자국 중심적으로 해석함으로써 한일 양국의 미래지향적 소통을 단절시키며 불통·불화의 관계로 만들어버렸다.

　한일 양국이 과거사 문제로 대립과 불화를 반복하는 근본 이유
는 무엇보다도 일본군 위안부, 징용공을 둘러싼 식민지배 기간 동
안의 '공적 기억'에 대한 차이에 있다. 여기에 독도를 둘러싼 영토
분쟁, 야스쿠니신사 참배와 역사, 사회 교과서의 자국 중심적 기술
문제, 그리고 최근 들어 급증하고 있는 헤이트스피치 등은 오늘날
한일 양국의 진정한 화해를 가로막는 커다란 장애물이다. 이에 자
국 중심의 세계관에서 벗어나 심화한 갈등의 요소들을 상호 이해
속에서 객관적으로 이해하며, 한일 양국의 해묵은 갈등 구조를 해
소하고 미래지향적 관계 구축에 이바지할 수 있는 인문학적 성찰
이 그 어느 때보다도 절실하다.

　한일 양국의 화해의 조건은 무엇보다도 서로를 알고 이해하는
것이다. 이를 위해 일본 연구자들이 해야 할 일이 많다. 그러나 국
내에서 일본 연구의 역사는 일천하고 연구 환경은 그리 녹록지 않
다. 1945년 해방 이후 역사·정치 분야의 일본연구는 반일이라는
프레임에서 크게 벗어나지 못했다. 강한 민족주의적 관점에서 이
루어지는 일본연구는 근현대 한국사회의 모든 가치를 친일과 반일
이라는 이데올로기를 통해 부정하는 것이었다. 일국사 중심의 역
사인식의 편협함, 학문을 연구함에 있어 극단적 민족주의는 경계
해야 한다는 지극히 상식적인 말이 그 대상이 일본이 될 때는 아무
런 설득력을 갖지 못했다. 선악의 구도에서 역사를 본다면 일본은
언제나 악이며, 특정한 사실만을 강요하는 기존의 연구 풍토에서
진실에의 접근은 더욱 요원해질 뿐이다. 지금의 일본연구는 근본
에서부터 재고되어야 할 것이다.

다행스럽게도 최근 들어 인문사회학적 관점에서 일본을 이해하고자 하는 학제적 연구가 활발히 진행되고 있다. 그 결과 양적으로나 질적으로 이전과는 비교할 수 없을 정도의 우수한 연구 결과물을 얻었으며 연구자뿐만 아니라 일반인에게도 공유하고 있다. 그럼에도 불구하고 한 가지 아쉬운 점은 기존의 일본 연구가 한일관계의 특수성으로 인해 국가와 민족을 중심으로 하는 거대 담론을 중심으로 식민지시기를 전후로 하는 특정 시기와 특정 주제에 너무 집중되어 있다는 점이다. 이 점, 일본학을 전공하는 연구자들이 극복해야 할 과제이다.

2. 『차별의 일본 근현대사 – 포섭과 배제의 사이에서』와 서벌턴

일본학을 전공하는 연구자들에게 '서벌턴(Subaltern)'이란 용어는 그다지 익숙하지 않다. 서벌턴이란 원래 영국 군대에서 대위 이하의 하급 사관 혹은 낮은 서열에 있는 자를 가리키는 말이었는데, 이것을 군대와는 무관하게 주로 제3세계 국가의 하층민을 가리키는 이론적, 전략적 개념으로 만든 이가 안토니오 그람시였다. 그리고 이것을 받아 포스트식민주의를 분석하는 이론의 하나로 연구를 시작했던 것이 1980년대 초 인도의 역사학자 라나지트 구하(Ranajit Guha)를 비롯한 일군의 역사학자들이었다. 이들은 기존의 식민주의적, 민족주의적인 관점에서 다루어왔던 인도의 역사 해석을 비판

219

하고, 그동안 역사의 주체가 되지 못했던 인도 인민의 입장을 부각하기 위한 목적으로 이들을 '서벌턴'이라 지칭했던 것이다.

그리고 지금 서벌턴은 분과적 · 지역적 경계를 넘어 역사학 · 인류학 · 사회학 · 인문지리학 · 문학 등의 분야에서 종속 및 '주변화'된 사회집단, 또는 하층계급 등 행위의 주체자로서 사회적 지위를 얻지 못하고 있는 사람 혹은 집단을 가리키는 학술용어가 되었다. 그런 의미에서 "문화적(culturally), 종족적(ethnically), 또는 인종적(racially)으로 구별되는 집단으로 지배집단과 공존하면서도 종속된 집단을 가리키는 '마이너리티'와 구별된다.

따라서 권력관계의 여러 층위에서 지배계층의 헤게모니에 종속되어 있는 다양한 사회집단들을 가리키는 민중으로서의 서벌턴 개념은 고정적이고 통일적인 어떤 본질적 정체성을 전제하거나 계급이나 민족 등 어느 하나의 범주를 특권화하지는 않는다. 그리고 현재 서벌턴 연구는 탈민족주의, 탈식민주의, 탈구조주의 이론과 문화연구가 교차함으로써 새롭게 생성된 학제적, 융복합적 연구영역에서 가장 역동적인 섹터가 되었다.

어느 시대 어느 지역에나 사회체제의 최하층과 말단 주변부에 존재해왔고 또한 지금도 존재하고 있는 이들 서벌턴의 삶은 국가와 민족의 경계가 무색하리만큼 서로 닮아 있다. 특히 한일 양국의 경우는 역사, 지리, 문화적 특수 관계 속에 서벌턴 양상의 보편성과 공통성이 차별성 못지않게 중요한 비중을 차지하고 있다. 이는 국가와 민족의 정체성과 고유성 이전의 인간의 존엄성에 관한 문제이며, 그런 의미에서 일본사회의 서벌턴에 대한 조명은 동아시아

사회의 상생과 화해, 소통을 지향하는 지역연구로서의 일본 연구
라는 당면한 목적에도 부합하는 중요한 주제이다.

한일 양국에서 서벌턴 연구가 시작된 것은 1990년대 말부터
2000년대 초반이다. 주지하다시피 1990년대는 한일 양국에서 학
제 연구로서의 일본 연구가 태동했던 시기로 서구의 문화이론들이
본격적으로 차용되기 시작한 때이기도 하다. 예를 들어 프랑스 학
자들의 포스트모던 이론, 페미니즘과 탈구조주의, 탈식민주의 이
론 등을 분석의 틀로 이용하는 연구가 활발히 전개되었다. 이러한
과정에서 탈식민지주의 연구 틀의 하나로서 서벌턴 연구가 시작되
었다. 그러나 아직도 한일 양국에서의 서벌턴 연구는 초보적 단계
에 머물러 있다. 이는 한일 양국의 식민지기 민중사나 사회사, 일상
문화사 연구자들이 서양에서 수입된 이론과 방법론에 대해 상대적
으로 무관심했기 때문이다.

그 결과 한일 양국에서의 서벌턴 연구는 하나의 은유로서 제국
주의, 식민지 문화연구와 문학, 혹은 문화비평 영역에서 대항담론
정도의 취급을 받아왔다. 다행히도 최근 들어 다행히도 최근 들어
여성, 젠더, 섹슈얼리티, 노동, 계급, 저항, 소수집단, 다문화 등과
관련된 다양한 서벌턴 연구가 활발히 진행되고 있다. 그러나 각각
의 연구가 단편적 혹은 분절적으로 진행됨으로써 일본 사회의 총
체적인 모습을 충분히 구상하고 있지는 못하다. 이런 점에서 『차별
의 일본 근현대사-포섭과 배제의 사이에서』는 일본의 근현대 사
회가 안고 있던 차별의 문제를 다양한 서벌턴을 중심으로 통시적
으로 다루고 있어 일본사회의 서벌턴 문제를 이해하고 심화하기

위한 기본서로서는 최적의 텍스트라고 할 수 있다.

이하 서평이라기보다는 간략하나마 이 책의 내용 소개와 더불어, 이 책을 읽고 느낀 짧고 얕은 생각을 서벌턴을 중심으로 한 일본사회 연구의 의의를 중심으로 두서없이 몇 자 적어 보고자 한다.

3. 『차별의 일본 근현대사－포섭과 배제의 사이에서』의 방법

구로카와 미도리(黒川みどり)・후지노 유타카(藤野豊) 著『차별의 일본 근현대사 －포섭과 배제의 사이에서(差別の日本近現代史―包摂と排除の狭間で)』는 2015년 이와마니서점(岩波書店)에서 출간되었다. 이 책은 피차별 부락, 여성, 한센병 환자, 장애인, 아이누민족, 재일코리안, 오키나와인 등, 현대 일본사회에서도 여전히 차별을 받고 있는 서벌턴(마이너리티)을 중심으로 차별이 존재하는 이유가 무엇인지를 근현대 일본의 역사 속에서 이유를 찾고자 한다. 이것이 이 책 전체를 관통하는 주제이며 각각의 장은 필자들의 논지를 구체적으로 증좌한다.

예를 들어 종래 일본사회의 부락 문제는 근본적으로 봉건유제론적 논의에서 크게 벗어나고 있지 못했다. 그러나 이 책의 저자 후지노 유타카는 부락차별을 우생사상으로 설명하고, 구로카와 미도리는 인종주의로 정의하고 있다. 서구에서 마이너리티 연구를 독자적 학문 분야로 제도화하기 위해 정립한 '에스닉 연구(ethnic studies)'

나 '인종연구(race studies)'는 아직 일본 학계에서 독자적인 연구 분야로 발전하지 못했다는 관점에서 볼 때 우생사상과 인종주의로 접근하고 있는 이 책의 방법은 비록 서구의 연구방법론을 차용한 것이기는 하나 일본사회 서벌턴 연구의 새로운 가능성을 보여주었다고 할 수 있다.

또한 히로타는 지금까지 일본사회의 '차별'의 역사를 피차별부락민, 여성, 아이누 등 각각의 '개별적 역사로'로 묘사하고, '차별 전체에 대한 역사'연구로 확대하지 않은 문제점을 지적한다. 즉 지금까지 피차별부락민, 여성, 장애인 등 정치·사회적인 서벌턴이라 볼 수 있는 사회집단은 그 특수성을 중심으로 개별학문 영역의 주변적 위치에서 연구되어왔는데 히로타는 이 책에서 이들에 대한 자료를 종합하여 '일본 근대사회의 차별 구조'라는 포괄적 프레임 구축을 시도하고 있다. 차별의 근원을 전근대 역사에서 찾는 종래의 연구방법은 차별의 전체적 역사에 대한 조망을 어렵게 만들며, 근대의 차별이 갖는 의미, 다른 서벌턴에 대한 차별과의 관련과 공통점 등은 포괄적 프레임의 구축을 통해서만 가시화될 수 있다는 것이다.

저자들은 피차별부락사 연구에서 출발하여 한센병과 매매춘으로 대상을 확대해 나간다. 그중에서도 후지노는 아시아태평양전쟁 이후까지 영역을 넓혀 일본이 근대 국민국가를 지행해가는 과정 속에서 필연적으로 내포하게 되는 포섭과 배제의 문제를 규명함으로써 근대 일본사회의 명암을 규명하고자 한다. 즉 메이지 신정부는 자신들이 만들어가고자 하는 근대 국민국가와 그에 걸맞은 '국민'을 만들어감에 있어 자신들의 기준에 어긋나는 계층과 집단 또는 개인을 배제했다는 사실을 이 책은 이러한 '배제'와 '포섭'의 매커니즘을 역사적 연원을 추급해감과 동시에 제도사적 관점에서 이를 분석하고 있다.

또한 저자들은 일본이 획득한 식민지와 점령지라는, 국제관계 속에서 형성된 차별에 주목한다. 제국 일본의 질서 속에서 이루어졌던 차별은 패전 이후에도 다양한 형태로 이어져왔는데, 재일코리안 및 아이누, 오키나와와 같은, 이른바 에스닉 마이너리티에 대한 차별은 근대국가의 역사적 형성과정과 후기 식민지성의 포섭과 배제의 논리와 밀접하게 연관되어 있음을 지적한다.

전 7장으로 구성된『차별의 일본 근현대사−포섭과 배제의 사이에서』는 근현대 일본사회의 다양한 차별 양상과 특징을 시대와의 관련성에서 구체적으로 파악하고, 결론적으로 배재와 포섭의 과정 속에 다양한 차별을 내포하게 되었음을 증명하고자 한다.

제1장 '국민국가의 성립과 차별의 재편'에서는 메이지 신정부가 근대 국민국가 건설 과정에서 사민평등이라는 구호 아래 '해방령' '천민폐지령' '천칭폐지령'을 통해 봉건적 신분제도를 폐지하고 구시대의 악습을 일소해 개화정책을 추진해나가는 한편에서, 가시자시키로 이름을 바꾼 유곽에서는 예전과 마찬가지로 가난한 여성이 창기로 일하면서 여전히 성폭력에 노출되어 있음에 주목한다. 신분제를 철폐하고 예창기를 해방했음에도 불구하고 이들은 '국민'의 일체성을 형성해가는 과정에서 빈민가 사람들과 함께 또다시 '국민'의 경계선 또는 그 외부로 밀려났다는 것이다.

또한 새롭게 일본 영토에 편입된 오키나와 주민과 홋카이도의 아이누 민족에 대해서도 정치적·사회적 차별이 만들어지는데, 필자는 근대 국민국가는 과거의 차별을 계승하고 재편하는 한편으로 생물학적 차별을 포함한 인종주의를 바탕으로 신분제의 해체와 재편에 주목한다.

제2장 '일본제국 내부의 차별과 평등'에서는 '제국'의 발전이 식민지와 아시아인에 대한 차별을 강화했으며, 일본 국내에서도 정신장애자와 한센병 환자 등과 같이 근대 국민국가의 '국민'에 걸맞지 않은 자들은 배제되고 차별의 대상이 되었음을 지적한다. '제국'의 확대와 식민지 구성원들의 포섭, 여기에 국민통합정책을 통한 피차별부락민과 천민, 오키나와인들에게 '동화'를 강요하는 과정에서 더욱 두드러진 '차이'는 차별과 배제를 강화하는 요인으로 작용했다. 그것이 1차 세계대전 이후 민중 봉기의 원인이 되었고, 1922년 전국수평사의 창립의 기폭제가 되었다고 본다. 필자는 이러한 흐름 속에서 아니누와 오키나와인, 농촌의 여성과 피차별부락민, 장애자, 창기, 그리고 재일조선인의 문제를 직시한다.

제3장 '아시아 태평양 전쟁과 동원된 차별─'국민'과 '비국민''에서는 아시아·태평양 전쟁 기간 동안 남성에게는 강한 병사가, 여성에게는 강한 어머니가 되도록 강요하는 한편으로 그렇지 못한 장애인과 한센병 환자와 같은 병약한 자들은 '국민우생법'의 실시에 따라 존재의 의미를 부정당하고 이들에 대한 차별은 한층 강화되었다고 한다. 1931부터 시작되는 이른바 '15년 전쟁' 동안 벌어진 부락민에 대한 만주로의 이민 정책과 일본군 위안부의 동원, 오키나와 현민의 희생 강요 등, '거국일치'라는 구호 아래 수많은 내

지와 외지 사람들이 전쟁 속의 평등이란 환상 속에서 '국민'으로 포섭 또는 배제되었음을 지적한다.

제4장 '다시 그어지는 경계－제국의 해체'에서 필자는 패전으로 인해 식민지·점령지를 상실하고 제국의 해체가 불가피해진 상황 속에서 재일코리안이나 만주로 이주했던 이주민 등 이른바 '제3국 인'이라 불렸던 외지인들과 오키나와 사람들에게 희생을 강요하며 국민국가의 재건을 도모하는 과정 속 서벌턴들에 대한 차별에 주목한다. 전쟁이 끝난 후에도 여전히 피차별부락민, 농촌 여성들, 장애인, 한센병 환자들에 대한 차별은 해소되지 않았고, 패전 후 오키나와에 주둔한 미군을 대상으로 성적 위안을 제공했던 '팡팡'이라 불리던 새로운 매춘부의 존재는 여전히 일본사회에 봉건적 의식이 강하게 존재했음을 지적하고 있다.

제5장 ''시민'으로의 포섭과 배제'에서는 전후 부흥을 거쳐 고도 성장기에 접어드는 1960년대 이후 노동력 확보의 일환으로 피차별부락이나 아이누인 등을 '시민'으로 포섭하기 위해 시행된 '동화대책사업'이 오히려 그들에게 '마이너리티'임을 각인하게 만들었고, 그것이 차별의 강화로 이어졌음에 주목한다. 그리고 여성의 사회 진출에 따른 젠더 문제, 원폭 피해자와 이타이이타이병으로 대표되는 공해환자 문제 등의 배후에는 아직도 일본사회에 뿌리 깊게 남아있는 봉건성이라는 구태와 경제적으로 빈곤한 취약 계층, 장애인, 병자들이 사슬처럼 연결되어 있음을 밝히고 있다.

제6장 ''인권'의 시대'에서 필자는 1970년대 이후 이른바 일본사회 내 '마이너리티'들의 목소리가 높아지고 '인권'에 대한 관심이

높아졌지만 이러한 일련의 움직임 속에서도 장애인의 인권은 전혀 고려되지 않았고, 부락 차별의 문제 또한 해결을 보지 못했음을 지적한다. 또한 이른바 '문화적 인종주의'의 발흥은 오키나와인이나 부락, 재일코리안에 대한 지속적인 차별을 낳았다고 한다. 그리고 1960년대 후반부터 미국에서 불붙은 여성운동의 영향을 받아 일본에서도 1970년대에 들어 여성 해방 운동이 시작되었고, 여성의 사회 진출이 늘어남에 따라 육아를 둘러싼 젠더의 비대칭성 문제가 부각되었는데 이것이 현대 일본사회의 페미니즘 운동으로 발전하게 되었다고 한다.

제7장 '냉전 후－국민국가에 대한 수정'에서 필자는 냉전 체제의 종식 이후 '국민국가'에서 배제되었던 다양한 마이너리티가 주목을 받게 되었으며, 그것이 한센병 회복자, 성소수자, 소수민족 등과 관련한 운동으로 이어졌다고 한다. 또한 종래 일본사회의 구성원으로서 그 아이덴티티의 모호함 속에 차별과 배제의 대상이 되었던 서벌턴 계급이 자신들의 정체성을 찾아가고자 하는 움직임이 활발해졌지만 이러한 사회적 분위기는 오히려 이들에 대한 차별과 배제가 불가시화하는 착시 현상을 일으키고 있다고 지적한다.

4. 맺음말 대신하여
－ '서벌턴' '마이너리티' 담론을 통한 일본사회 연구

구로카와 미도리·후지노 유타카의 『차별의 일본 근현대사－포

섭과 배제의 사이에서(差別の日本近現代史—包摂と排除の狭間で)』가 2022년 한국외국어대학교 일본연구소 인문사회연구소지원 사업팀이 기획하는 번역총서 제1권으로 세상에 나왔다. 한국외국어대학교 일본연구소는 <일본사회의 서벌턴 연구-동아시아의 소통과 상생->이라는 연구주제로 2019년부터 총 6년(1단계 3년, 2단계 3년) 동안 한국연구재단의 인문사회연구소 지원사업에 선정되어 현재 공동연구를 진행하고 있다. 2022년 현재 1단계 연구를 마무리하고 2단계 연구를 진행하고 있는데 『차별의 일본 근현대사-포섭과 배제의 사이에서』는 1단계 연구의 연구성과물의 일환으로 번역·소개되었다.

한국외국어대학교 인문사회연구소사업 연구팀에서는 연구과제에 참여한 연구진의 연차별 연구성과 및 연구소 주최 학술대회와 콜로키엄에 참가한 외부 연구자와의 교류 성과를 모은 연구총서와 번역총서를 간행하여 연구과제의 목적과 성과를 명확히 하고, 이를 외부로 발신하여 제 학문 분야에서 활용할 수 있는 기초적 자료를 제공하고자 한다는 취지하에 지금까지 연구총서 5권과 번역총서 2권을 간행했다. 『차별의 일본 근현대사-포섭과 배제의 사이에서』는 그 첫 번째 결과물이다.

서벌턴을 사회적·정치적·문화적으로 소외된 사람들, 지배집단에 예속되어 있는 종속계급, 하위주체라고 정의할 때 그 대상이 되는 집단과 계층은 부락민, 여성, 장애인, 병자, 노인, 이재민, 원폭 피해자, 아이누, 오키나와인, 재일코리안, 일본군 위안부, 부랑인, 거지 등 아직도 일본사회에는 수많은 서벌턴이 있다. 그중에서 『차별의 일본 근현대사－포섭과 배제의 사이에서』 필자들이 중점적으로 다루고 있는 부락민, 장애자, 병자, 여성, 재일코리안, 아이누, 오키나와인, 매춘부, 위안부 등은 봉건 사회의 구조적 모순 속에 태어나 불행한 삶을 살아갔던 그야말로 '말할 수 없는' 소수자, 약자를 대표하는 서벌턴적 존재라고 할 수 있다. '말할 수 없는' 사회적 약자로 살아갈 수밖에 없었던 서벌턴의 차별과 배제의 역사, 동화와 포섭, 나아가 공존과 상생의 방법을 제시하고, 현대 일본사회에서 아직도 존재하는, 존재할 수밖에 없는 일본사회의 봉건성과 구태라는 그 한계에 대해 회의하는 이 책은 비록 일본사회 전체 서벌턴을 대상으로 삼고 있지 않고, 모든 역사 시대를 연구 범위로 설정하고 있지는 않지만, 그렇다 하더라도 필자들의 문제의식과 논리, 문학 텍스트에서 정부의 특정 문서에 이르는 다양한 자료를 활용하여 논지를 전개해나가는 방법 등은 일본사회의 주변 혹은 주연부에 존재하는 서벌턴의 관점에서 일본사회를 분석하고, 나아가 한일 양국의 화해와 소통을 위한 일본사회의 이해라는 점에서 유의미한 방법론을 제시한다.

원고 초출

제1장 조선인·아이누 민족·와진(和人)·'공생 사회'의 시점에서　　석순희

한국외국어대학교 일본연구소 인문사회연구소사업단 주최 제14회 콜로키엄(2024년 4월 20일)에서 발표한 「아이누모시리의 아이누·조선인·일본인 공생사회의 관점에서」를 바탕으로 작성하였다.

제2장 중세 불교 사원의 남색 정당화 담론 고찰　　　　　　　이경화
승려와 지고(稚兒)의 남색을 중심으로

「중세 불교 사원의 남색 정당화 담론 고찰－승려와 지고(稚兒)의 남색을 중심으로－」『일본학연구』Vol.73, 단국대학교 일본연구소, 2024년 9월

제3장 근세 일본의 콜레라 유행　　　　　　　　　　　　　　김미진
피해 상황과 막부의 서벌턴 계층 구제책을 중심으로

「근세 일본의 콜레라 유행－피해 상황과 막부의 서벌턴 계층 구제책을 중심으로－」『日本文化學報』第102輯, 한국일본문화학회, 2024년 8월

제4장 오키나와 서벌턴의 기억계승과 당사자성　　　　　　　김경희
전쟁의 기억과 망각 사이

「오키나와 서발턴의 기억계승과 당사자성－전쟁의 기억과 망각 사이－」『일어일문학연구』제130집, 한국일어일문학회, 2024년 8월

제5장 아이누의 주체화와 공생사회　　　　　　　　　　　　오성숙
오가와 류키치(小川隆吉)를 중심으로

「아이누의 주체화와 공생사회－오가와 류키치(小川隆吉)를 중심으로－」『日本文化學報』第101輯, 韓國日本文化學會, 2024년 5월

저자약력

석순희 전 도마코마이 고마자와 대학 국제문화학부 교수

이경화 한경국립대학교 강사

김미진 울산대학교 일본어 · 일본학과 조교수

김경희 국립순천대학교 일본어일본문화학과 부교수

오성숙 한국외국어대학교 일본연구소 전임연구원

노병호 한국외국어대학교 일본연구소 연구원

금영진 한국외국어대학교 일본언어문화학부 강의중심교수

이권희 단국대학교 자유교양대학 초빙교수

이 저서는 2022년 대한민국 교육부와 한국연구재단의 지원을 받아
수행된 연구임(NRF-2022S1A5C2A02092312).

일본사회의 서벌턴 연구 8
동아시아 트랜스내셔널 서벌턴의 자기결정권

초 판 인 쇄   2025년 04월 21일
초 판 발 행   2025년 04월 28일

저   자   석순희 · 이경화 · 김미진 · 김경희 · 오성숙 · 노병호
             금영진 · 이권희
발 행 인   윤석현
발 행 처   제이앤씨
책 임 편 집   최인노
등 록 번 호   제7-220호

우 편 주 소   서울시 도봉구 우이천로 353 성주빌딩
대 표 전 화   02) 992 / 3253
전   송   02) 991 / 1285
홈 페 이 지   http://jncbms.co.kr
전 자 우 편   jncbook@hanmail.net

ⓒ 석순희 외 2025 Printed in KOREA.

ISBN 979-11-5917-258-8   94300   정가 16,000원
       979-11-5917-211-3   (set)